AF721034

— Mein wunderbarer

TOPFGARTEN

KOSMOS

Dekorative Pflanzideen für Terrassen, Balkone & kleine Gärten

Mein wunderbarer TOPFGARTEN

SO GESTALTEST DU EINE WOHLFÜHLOASE WIE BEI @TINAS_HOMEANDGARDEN

TINA ULLMANN

Inhalt

Mehr entdecken, mehr verstehen

DAS KOSMOS VERSPRECHEN

Expertenwissen seit 1822

Welches Thema dich auch begeistert – auf unsere Expertise kannst du dich verlassen. Und das schon seit über 200 Jahren.

Unser Anspruch ist es, dich mit wertvollem Rat zu begleiten, dich zu inspirieren und deinen Horizont zu erweitern.

BEGEISTERUNG DURCH KOMPETENZ

Unsere Autorinnen und Autoren vereinen professionelles Know-how mit großer Leidenschaft für ihre Themen.

WISSEN, DAS DICH WEITERBRINGT

Leicht verständlich, lebensnah und informativ für dich auf den Punkt gebracht.

SACHVERSTAND, DEN MAN SEHEN KANN

Mit aussagestarken Fotos, Zeichnungen und Grafiken werden Inhalte besonders anschaulich aufbereitet.

QUALITÄT FÜR HEUTE UND MORGEN

Dafür sorgen langlebige Verarbeitung und ressourcenschonende Produktion.

Du hast noch Fragen oder Anregungen?
Dann kontaktiere unsere Service-Hotline: 0711 25 29 58 70
Oder schreibe uns: kosmos.de/servicecenter

HERZLICH WILLKOMMEN

— in meinem Topfgarten

HALLO, ICH BIN TINA!

Ich lebe mit meinem Mann Tobias und unserem Sohn Ferdinand in der Nähe von Ingolstadt im wunderschönen Altmühltal. Wie man unschwer auf meinem Instagram-Account „@tinas_homeandgarden" erkennen kann, hege ich eine ausgeprägte Vorliebe für Topfkulturen.

Bei mir wächst alles in Körben und Töpfen. Das ist nicht zuletzt dem Umstand geschuldet, dass wir nur 65 Quadratmeter Garten- und Terrassenfläche zur Verfügung haben. Möchte man bei diesem begrenzten Raum trotzdem einen grünen, blühenden Garten haben, muss man bei der Planung kreativ sein. Mit den besonderen Erfordernissen einer kleinen Fläche stehe ich dabei sicher nicht allein da. Große Grundstücke mit entsprechenden Gärten werden nicht nur im städtischen Umfeld immer seltener und sind kaum noch bezahlbar.

Und genau da punktet der Topfgarten auf ganzer Linie, denn dank ihm können nicht nur kleine Terrassen und Balkone begrünt und mit Sichtschutz versehen werden, sondern auch kleine Grundstücke in grüne Oasen verwandelt werden. Durch ihre Mobilität sind Topfkulturen nicht nur flexibel einsetzbar, sondern auch saisonal wandelbar. Sie bringen Pflanzen und Blumen auf Terrasse und Balkon. Selbst auf engstem Raum ist mit ihnen der Anbau von Zierpflanzen, Kräutern, Gemüse und sogar Obst möglich.

Mit meinen Töpfen und Kübeln schaffe ich immer wieder neue Blickwinkel.

— „Ich liebe meinen Topfgarten, weil ich ihn individuell gestalten kann – wann, wie und wo ich will!"

Ich spreche aus Erfahrung: Bevor wir das Haus der Großeltern meines Mannes renoviert und bezogen haben, haben wir in der Stadtmitte von Ingolstadt in einer Wohnung mit nur einer kleinen Dachterrasse gelebt und zuvor in einer Wohnung mit einem Hinterhof. Hier gab es mehr Schatten als Sonne und lediglich einen Balkon zur Verfügung. Als Konsequenz daraus habe ich dann auch die Leidenschaft für das Gärtnern auf kleinstem Raum und unter besonderen Umständen entwickelt.

Über viele Jahre habe ich mir viel Erfahrung und Wissen angeeignet und selbstverständlich auch den einen oder anderen leidvollen „Verlust" erlitten! Aber aus Erfahrung wird man klug, und Aufgeben war für mich noch nie eine Option. Deshalb habe ich, um nur zwei Beispiele zu nennen, die Herausforderung bei Olivenbäumen oder Zitruspflanzen angenommen und es immer wieder versucht. Und mittlerweile gibt mir der Erfolg recht. Diese Erfahrungswerte, Tricks und Tipps gebe ich nun gerne auf den kommenden Seiten an euch weiter und zeige hier hoffentlich die eine oder andere „Wegabkürzung" auf.

In meinem Topfgarten mag ich es nicht zu bunt. Daher achte ich darauf, dass ich bei den Kübeln nicht zu viele Materialien und Farben verwende.

Mir ist es auch wichtig, dass ihr wisst: Ich bin keine gelernte Gärtnerin, sondern, wie so viele Hobby-Gärtner*innen, eine reine Autodidaktin. Und ich gehe in diesem Buch auch nur auf die Pflanzen ein, bei denen ich mit konkreten Erfahrungswerten aufwarten kann. Ihr findet hier folglich keine strenge Abhandlung über alle Pflanzen, die sich für Topfkulturen eignen. Die Pflanzen in diesem Buch sind nach Jahreszeiten geordnet, je nachdem, wann sie besonders dekorativ sind oder am meisten Pflege erfordern. Aber alles, was ich in meinem Garten plane und angehe, setze ich mit viel Herzblut und Leidenschaft um, und die Erfahrungen stammen aus erster Hand!

Ich erhalte auf Instagram sehr viele Fragen zu meinem kleinen Topfgarten, die ich auch in diesem Buch berücksichtigt habe. Ich versuche, auf die wichtigsten einzugehen und euch vor Fehlern, die ich schon gemacht habe, zu bewahren. Natürlich sitzen wir nicht in den Pflanzen drin, und manchmal hat man eine Pflanze viele Jahre und von heute auf morgen kränkelt sie und geht im schlimmsten Fall sogar ein, ohne dass man weiß, wieso und warum. Und für einige hat man einfach kein Händchen bzw. keinen grünen Daumen – all das ist möglich. Letztlich sind Pflanzen halt auch Lebewesen.

Man sollte auch immer im Kopf behalten, dass Pflanzen in Töpfen sich vollkommen anders verhalten als eingegrabene Pflanzen im Garten. Mein Credo ist dabei immer: „Probieren geht über Studieren". Schon oft habe ich gehört, dass eine Pflanze sich nicht für die Topfkultur eigne, um später das Gegenteil feststellen zu können. Genau das war immer schon meine Herausforderung, das macht es für mich sogar besonders spannend. Aber mehr dazu später.

Vor allem aber muss man auf kleinem Raum erfinderisch werden. Ich habe zum Beispiel lange überlegt, wie wir das Problem „Hecke und damit Sichtschutz" lösen können. Und heute haben wir eine robuste und bienenfreundliche Ligusterhecke in Kübeln.

Auch auf kleinstem Raum können mit Kübelpflanzen Wohlfühl-Oasen entstehen!

Ich bin im Übrigen täglich dankbar dafür, dass wir uns für das Projekt „Altbausanierung“ entschieden haben, denn ursprünglich sollte unser „altes“ Häuschen nur eine Übergangslösung sein. Aber aus der Übergangslösung wurde ein Zuhause, einfach weil wir uns in unserer „Notlösung“ vom ersten Moment an zu Hause gefühlt haben. Wir haben dann das Haus renoviert und erweitert, und dem Anbau verdanken wir auch unser Podest, auf das man direkt vom Wohnzimmer aus gelangt. Es ist einer meiner absoluten Lieblingsplätze.

Ich hoffe, ich kann euch nun ein wenig mitnehmen in meine Welt des Topfgartens und des Gärtnerns auf kleinem Raum!

Eure Tina

Unser Haus von der Straße aus. Hier kann man die Ligusterhecke gut sehen.

ALLES FÜR DEN TOPFGARTEN

— *Ausstattung und Grundlagen*

ALLES ÜBERSCHAUBAR!

Mit einem Topfgarten kann man das Flair eines üppig grünen Gartens auch auf kleinstem Raum unterbringen. Selbst, wenn einem nur eine kleine Terrasse oder ein winziger Balkon zur Verfügung steht, muss man also auf die Freuden des Gärtnerns nicht verzichten! Dabei ist beim Topf- oder Kübelgarten nicht nur der Platzbedarf überschaubar.

Auch die erforderliche Ausstattung hält sich in angenehmen Grenzen. An dieser Stelle gehe ich zunächst einmal auf die Besondersheiten des Topfgartens ein und erkläre kurz, worin er sich vom „richtigen" Garten unterscheidet. Der Topfgarten hat nämlich eine ganze Reihe Vorteile gegenüber dem Pflanzen direkt im Erdboden, aber es gibt auch ein paar Dinge zu beachten.

Dann zeige ich euch, was aus meiner Sicht an Grundausstattung vorhanden sein bzw. was man sich anschaffen und worauf man dabei achten sollte. Zum Glück ist das gar nicht viel, denn kleiner Raum bedingt auch wenige und kleine Helfer. Außerdem stelle ich geeignete Kübel vor, gebe euch die wichtigsten Infos zur Pflege, was man beim Gießen beachten sollte und vieles mehr. Und dann kann's losgehen mit dem Topfgärtnern!

— „Es ist noch kein Gärtner vom Himmel gefallen."

Gartengeräte mit Vintage-Charme mag ich besonders.

BESONDERHEITEN IM TOPFGARTEN

Über die Jahre hinweg habe ich mir viel Garten- und vor allem Topfgartenwissen angeeignet und bin, wie könnte es anders sein, eine begeisterte Topfgärtnerin. Vielfach erreichen mich aber Fragen von meinen Instagram-Followern, die deutlich machen, dass es doch so einige Unterschiede zwischen einem Topfgarten und einem herkömmlichen Garten, in dem die Pflanzen direkt in der Erde wachsen, gibt. Diese Unterschiede erkläre ich hier kurz in Form von Vor- und Nachteilen:

Ich beginne einmal mit den **Vorteilen**:

- In einem Topfgarten ist man immer flexibel – ob bei der Wahl der Pflanzen, des Standorts oder auch der Töpfe und Kübel selbst.
- Arrangements können von Jahr zu Jahr und zu jeder Jahreszeit variieren. Es können ganz einfach neue Pflanzen und Töpfe dazukommen oder anders angeordnet werden.
- Bei einem Umzug kann man die Pflanzen in ihren Kübeln einfach mitnehmen. Das ist bei Gartenpflanzen viel schwieriger.
- Man kann leichter auf die Bedürfnisse der Pflanzen eingehen. Fühlt sich z. B. eine Pflanze an ihrem Standort nicht wohl, kann man schnell Abhilfe schaffen und sie einfach umstellen.
- Schädlinge und Krankheiten lassen sich besser bekämpfen. Zum einen ist die Größe der Pflanzen begrenzt, zum anderen kann man befallene Pflanzen gut in Quarantäne stecken, indem man die Pflanze separiert.
- Eingegangene Pflanzen können einfacher ersetzt werden.
- Pflanzen wie Bambus, Minze & Co. können sich nicht willkürlich ausbreiten.
- Ein Topfgarten ermöglicht auch eine Bepflanzung mit nicht winterharten Pflanzen, die in unseren Breitengraden in ein Winterquartier umziehen müssen.

Aber natürlich gibt es auch einige **Nachteile**:

- Der Gießaufwand und der Wasserbedarf sind höher, denn in den Kübeln wird mehr Wasser verdunstet. Außerdem kann in den Kübeln weniger Wasser gespeichert werden.
- Nicht jede Pflanze ist auch für einen Kübel geeignet – hier muss man im Einzelfall ausprobieren!
- Auch muss mehr gedüngt werden, denn in den Kübeln sind die Nährstoffe schneller erschöpft als im Beet.
- Schneller wachsende Pflanzen müssen ab und zu in größere Töpfe umgetopft werden.
- Für den Topfgarten müssen neben den Pflanzen auch Kübel und Erde gekauft werden.
- Viele Pflanzen sind im Topfgarten weniger winterhart als im Beet, weil sie dem Frost mehr ausgesetzt sind.

Im Topfgarten lässt sich leicht der richtige Standort finden.

PRAKTISCHE HELFER: DIE GRUNDAUSSTATTUNG

Die Ausstattung, die man zum Gärtnern im Topfgarten braucht, ist überschaubar – und im Vergleich zum Gerät für einen großen Garten entsprechend klein. Dinge wie einen Rasenmäher oder eine Kettensäge sind hier zum Glück nicht nötig! Wie bei so vielem ist es auch bei der Anschaffung der praktischen Helfer ratsam, auf Qualität zu setzen und lieber etwas mehr auszugeben.

GARTENHANDSCHUHE

Ich liebe es, mit meinen Fingern in der Erde zu wühlen und alles bewusst zu fühlen. Aber es gibt auch Pflanzen, die ich nicht gern berühre, z. B. weil sie giftig oder stachelig sind. Daher empfehlen sich Gartenhandschuhe, denn sie beugen Verletzungen vor und halten die Hände sauber. Wichtig ist, dass sie gut passen und möglichst eng anliegen!

GARTENSCHERE

Für den Rückschnitt von Gräsern und Ästen sollte man sich eine gute Gartenschere anschaffen. Ästchen einfach abzubrechen ist nicht zu empfehlen, da das zu unsauberen Bruchstellen und damit Verletzungen an der Pflanze führen kann. Meine Gartenscherc ist übrigens schon über 30 Jahre alt und stammt noch von meiner Mutter – hier hat sich die Qualität ausgezahlt. Gartenscheren sollten gut in der Hand liegen und entsprechend der Handgröße und der bevorzugten Hand (Links- oder Rechtshänder) gewählt werden.

KLEINE HECKENSCHERE MIT AKKU

Für größere Kübelpflanzen, die einen regelmäßigen Schnitt brauchen, ist eine kleine elektrische Heckenschere mit Akku sehr hilfreichen. Ich bevorzuge sie, wenn es darum geht, Buchs und Liguster zurückzuschneiden. Es geht schnell, und die scharfen Messer verletzen die Pflanzen nicht unnötig. Hier sollte man darauf achten, dass der Akku immer geladen ist, damit man gleich loslegen kann, wenn die Gärtnerfinger jucken!

PFLANZKELLE

Diese kleine Schaufel ist unentbehrlich beim Topfgärtnern. Mit ihr schaufelt man Erde in die Töpfe und hebt Löcher aus, um Pflanzen einzusetzen.

SAUZAHN

Ein toller Helfer beim Jäten und zur Bodenlockerung. Er lockert die Erde mit wenig Kraftaufwand bis in 20 Zentimeter Tiefe auf. Damit kann man gut Algenkalk oder Dünger einarbeiten!

Handschuhe, Gartenschere, Pflanzkelle & Co. – viel braucht man nicht für das Gärtnern im Topfgarten.

HAND- ODER GRABEGABEL UND HANDRECHEN

Nach einiger Zeit verdichtet sich oft die Erde in den Töpfen. Mit solch einer Gabel lässt sie sich gut auflockern und belüften. Ich benutze sie teilweise auch wie einen kleinen Handrechen, z. B. um altes Laub, das sich auf der Erde in den Töpfen gesammelt hat, zu entfernen. Außerdem kann man damit die Erde zerkleinern, bevor sie aus dem Sack in den Kübel kommt. Sehr gut kann man auch die Erde damit ebnen – ein kleiner Wow-Effekt!

SCHNUR

Meine Schnur nutze ich häufig, um etwas zusammenzubinden, hochzubinden oder festzubinden. Sie kommt häufiger zum Einsatz, als man denkt!

DRUCKSPRÜHFLASCHE

Dieser fleißige Helfer kommt bei der Bekämpfung des Buchsbaumzünslers und anderer Schädlinge oder auch der Augenfleckenkrankheit bei den Olivenbäumen zum Einsatz, nämlich immer dann, wenn ein Sprühmittel aufgebracht werden soll. Für den Topfgarten auf Terrasse und Balkon sollte man zu den handlicheren Modellen greifen. Eine Flasche mit maximal 5 Litern Füllmenge genügt völlig.

GIESSKANNE

Und natürlich braucht man eine Gießkanne! Sie kommt für schnelles und tägliches Gießen zum Einsatz. Da ich meine Gießkanne gern mit Wasser gefüllt auf der Terrasse bereitstehen habe, lege ich hier auch Wert auf das Äußere. Eine Gießkanne kann sehr dekorativ sein! Ein abnehmbarer Brausekopf ist hilfreich.

In sehr heißen und trockenen Sommern ist jedoch ein Gartenschlauch eine große Hilfe beim Wässern. Bei mir würde das Gießen im Hochsommer sonst den Zeitrahmen sprengen. Für einen kleinen Balkon ist eine Gießkanne aber auf jeden Fall ausreichend. Mittlerweile gibt es so viele wunderschöne und dekorative Exemplare – Gießen kann also auch „stylisch“ sein!

TIPP:
Wer draußen keinen Wasseranschluss hat, kann den Gartenschlauch mit einem speziellen Adapter einfach an einen herkömmlichen Innenraum-Wasserhahn anschließen.

GARTENSCHLAUCH

Wie gesagt: Besonders im Hochsommer ist ein Gartenschlauch eine große Hilfe. Gartenschläuche gibt es mit verschiedenen Durchmessern (für den Topfgarten genügt meist ½ Zoll) und sogar als flexibles Modell, das durch den Wasserdruck länger wird. Und wie könnte es anders sein, ist bei mir der Gartenschlauch ebenfalls in einem Topf untergebracht. Natürlich kann man den Schlauch, wenn er nicht verwendet wird, auch auf dem Boden oder über einer an der Wand montierten Schlauchhalterung aufrollen. Doch in so einem speziellen Schlauchtopf bleibt der Schlauch sauber, ist immer ordentlich verstaut, und der Topf ist hübsch anzusehen.

Manchmal sind die praktischen Helfer auch aus Fleisch und Blut! Denn so eine Kübelpflanze kann sehr schwer werden oder will beim Umtopfen einfach nicht aus dem alten Kübel heraus.

TÖPFE, KÜBEL UND GEFÄSSE

Ein bedeutender Aspekt beim Topfgarten ist, wie könnte es anders sein, der Topf selbst. Es gibt eine Vielzahl an Gefäßen, in die man Topf- und Kübelpflanzen setzen kann, daher stelle ich hier nur die wichtigsten kurz vor.
Der Klassiker ist wohl der Topf aus Ton oder Terrakotta. Je nach Stil des Topfgartens ist das sehr dekorativ und auch ein nachhaltiges Material. Ich persönlich bin allerdings davon abgekommen, zum einen, weil sie gefüllt mit Erde ein beträchtliches Gewicht haben, und zum anderen, weil sie sehr häufig nicht frostfest sind. Daher habe ich lediglich noch kleine Terrakotta-Gefäße, die ich aber im Winter nicht bepflanze und mit der geringen Größe auch gut tragen kann.

Von schönen Pflanzkörben kann ich gar nicht genug bekommen!

Stattdessen gibt es sehr schöne Kunststoffkübel, die kaum noch von Ton oder Terrakotta zu unterscheiden sind. Sie haben den Vorteil, dass sie viel leichter, frostfest und insgesamt „unkaputtbar" sind.
Daneben kann man natürlich alle anderen Arten von Gefäßen verwenden, Hauptsache, sie sind für den Zweck groß genug und einigermaßen wasserfest. Mit Pflanzvlies ausgeschlagene alte Wein- oder Obstkisten geben z. B. hübsche Pflanzgefäße für Gemüse ab.

Meine Favoriten in Sachen Kübel sind aber, wie man unschwer erkennen kann, Pflanzkörbe. Diese bestehen meist als Rattan- oder Weidenimitat aus Kunststoff, sind also wasser- und wetterbeständig. Dazu punkten sie im Topfgarten mit ihrem geringen Gewicht und ihrer natürlichen Optik. Pflanzkörbe gibt es in vielen Formen, mit und ohne Folie oder Pflanzeinsatz – die Auswahl ist riesig.
Ganz besonders mag ich meinen geliebten Drypot®. Der große Vorteil ist hier der Inneneinsatz, da die Pflanzen durch die Doppelwandigkeit im Winter geschützt sind. Meine Hortensien, Zierapfel und Co. können dank des Drypots ohne zusätzlichen Schutz überwintern. Außerdem sind diese Körbe sehr langlebig.

WICHTIG:
Bei den Pflanzgefäßen unbedingt auf Abflusslöcher achten! Wenn keine vorhanden sind, kann man sie eventuell nachträglich bohren. Ich verwende dazu einen Akkubohrer, so gelingt das kinderleicht.
Bei Körben mit Folie einfach ein Loch in die Folie schneiden.

Körbe mit einem Pflanzeinsatz mag ich besonders. Sie sind leicht und dekorativ.

WICHTIG:
Befindet sich der Topfgarten auf einem Balkon, unbedingt auf das Gewicht der Pflanzgefäße achten! Inklusive feuchter Erde können sie sehr schwer sein. Hier sind Kunststoffgefäße die erste Wahl. Und im Zweifel in Bauplänen nachschauen oder den Vermieter fragen.

Mein Sohn hilft immer gern. Hier bohrt er gerade Abflusslöcher in einen Pflanzkorb.

Man kann alle möglichen Gefäße für die Bepflanzung recyclen. Mit etwas Folie ausgekleidet eignen sich alte Obstkisten wunderbar.

AB IN DIE ERDE: SUBSTRAT, EINTOPFEN, DÜNGEN

Vorweg möchte ich sagen, dass es von Vorteil ist, für Pflanzen die jeweils passende Erde zu verwenden. Diese wird den Ansprüchen der Pflanze am besten gerecht und ist unter Umständen auch bereits entsprechend vorgedüngt. Wer allerdings einen Topfgarten anlegt, tut das meist, weil der Platz begrenzt ist. Wer kann da noch mehrere Säcke mit unterschiedlichen Erden unterbringen? Tatsächlich ist bei Topfpflanzen das Wichtigste, dass es sich um eine hochwertige Erde handelt, am besten ohne Torf. Dann ist auch der Topfgarten nachhaltiger. Denn anders als im Beet oder Garten werden im Topf die Nährstoffe in der Erde ohnehin relativ schnell abgebaut, und man muss mit regelmäßigem Düngen nachhelfen. Dennoch gibt es Erden, deren Verwendung ich empfehle:

ANZUCHT- UND KRÄUTERERDE

- Diese Erde ist nährstoffarm. Wenn man Gemüse oder auch Blumen aussät, ist der Spross in den ersten Wochen sehr empfindlich und könnte durch Nährsalze geschädigt werden. Zudem würde der Keimling zu schnell in die Höhe wachsen und könnte so weder kräftige Blätter und Triebe noch ein starkes Wurzelwerk entwickeln.
- Nährstoffarme Erde ist auch für Kräuter sehr gut geeignet. Die meisten der bei uns beliebten Kräuter, wie Thymian, Rosmarin, Oregano und Co., stammen aus dem mediterranen Raum und haben hier häufig keine nährstoffreiche Erde zur Verfügung. Auch unsere heimischen Kräuter mögen es meistens eher nährstoffarm.

BALKON- UND KÜBELPFLANZENERDE

- Speziell für die Kübelpflanzung gemischtes Substrat zeichnet sich durch seine hervorragende Wasserspeicherung aus. Besonders für Pflanzen an sonnigen Standorten ist das sehr wichtig. Zusätzlich sorgen sie für guten Wasserablauf, sodass es nicht zu Staunässe und damit Wurzelfäule kommt.
- Hochwertige Erde ist besonders reich an Nährstoffen und unterstützt die Pflanze beim Anwachsen und Verwurzeln. Sie fördert ein gesundes und kräftiges Wachstum und macht die Pflanze widerstandsfähiger gegen Krankheiten und Schädlinge. Die Pflanze dankt es mit einer üppigen Blüte und sattgrünem Blattwerk.

ERDE FÜR MEDITERRANE PFLANZEN

- Diese Erde enthält viele Tonmineralien, die Nährstoffe gut speichern und wieder abgeben können. Dadurch bietet der Ton nach dem Düngen eine sehr gute Pufferung, damit die Nährstoffe nur nach Bedarf bei den Wurzeln ankommen. Zudem speichern die Tonmineralien Wasser. Das ist wichtig, denn an heißen Tagen verdunstet das Wasser in Kübeln (besonders bei Terrakotta) sehr schnell.

HORTENSIEN- UND RHODODENDRON-ERDE

- Hortensien wie auch Rhododendren oder Heide sind Moorbeetpflanzen und bevorzugen einen sauren Boden mit niedrigem pH-Wert. In saurer Erde wird viel Aluminium, Eisen und Mangan freigesetzt. Aber auch bei Verwendung dieser Erde sind die Nährstoffe recht schnell aufgebraucht, sodass man regelmäßig mit speziellem Hortensiendünger nachhelfen sollte.

TIPP:
Außerdem kann man hochwertige Balkon- und Kübelpflanzenerde mit etwas Sand vermengen – das mögen Oliven gerne und meine fühlen sich darin seit Jahren sehr wohl.

Mit den Händen in der Erde zu wühlen hat mir schon als Kind viel Spaß gemacht!

TOMATEN- UND GEMÜSEPFLANZEN-ERDE

- Gemüsepflanzen, besonders Tomaten, sind sogenannte Starkzehrer und brauchen viele Nährstoffe, denn sie haben ja quasi nur den Sommer, um sich zu entwickeln. Hier kann ich für ein gesundes Wachstum die geeignete Erde nur empfehlen – auch der Gaumen wird es danken!

ROSENERDE

- Auch Rosen benötigen sehr viele Nährstoffe, um ihre üppigen Blüten auszubilden. Wegen ihrer Wasser- und Nährstoffspeicherung enthält gute Rosenerde auch Tonmineralien. Für sattgrüne und gesunde Blätter und Widerstandskraft gegen den lästigen Mehltau und andere Pilzkrankheiten brauchen Rosen viel Eisen, das ebenfalls in dieser Erde enthalten ist.

TIPP:

Um zu verhindern, dass mit dem Regen- oder Gießwasser Erde auf die Terrasse gelangt, einfach wasserdurchlässiges Pflanzvlies passend zuschneiden und unten in den Topf legen. Eine Lage Blähton für die Drainage darauf, dann Erde – fertig!

EIN- UND UMTOPFEN

Hier stellt sich häufig die Frage nach der idealen Topfgröße. Als Faustregel kann man sagen, dass der Durchmesser des neuen Topfes nicht mehr als 4–6 cm größer als der vorherige sein sollte. Warum das so ist? Weil die Pflanze sonst womöglich ihre ganze Kraft in die Verwurzelung steckt anstatt in das Wachstum der Blüten und Blätter.

BU ergänzen

Die beste Zeit zum Ein- und Umtopfen ist ganz klar das Frühjahr. Natürlich kann man Containerware auch später eintopfen, dann allerdings konkurrieren die Blüten und das Wurzelwachstum um die Energie der Pflanze.
Wenn man die Möglichkeit hat, kann man zum Eintopfen eine zur Pflanze passende Erde wählen. Andernfalls tut es auch hochwertige Kübelpflanzenerde und regelmäßig ein entsprechender Dünger.

DÜNGEN

- Pflanzen sind auf die Nährstoffe und das Wasser aus der Erde bzw. dem Substrat angewiesen. Die Ausbildung von üppigem Blattschmuck und leuchtenden Blüten kostet die Pflanzen viel Energie und Nährstoffe. Doch diese sind im Topf sehr schnell aufgebraucht, weil das Erdvolumen begrenzt ist. Daher sollte man regelmäßig mit Dünger nachhelfen. So bleiben die Pflanzen gesund, sind deutlich widerstandsfähiger gegen Krankheiten und verkraften einen Schädlingsbefall viel besser als geschwächte Exemplare.
- Beim Düngen ist unbedingt der unterschiedliche Nährstoffbedarf der Pflanzen zu beachten. Im Fachhandel gibt es für alle den passenden Dünger. Meine Favoriten sind auf alle Fälle Flüssigdünger, weil sie sich gut dosieren lassen.

TIPP:
Die richtige Dosierung ist beim Düngen wichtig – hier immer die Herstellerangaben und Dosierhilfen beachten. Denn viel hilft nicht viel und kann im schlimmsten Fall sogar die Pflanzen und ihr Wurzelwerk schädigen!

KOSTBARES NASS: GIESSEN UND BEWÄSSERN

Beim Thema Gießen bzw. Bewässern scheiden sich die Geister. Die einen gießen lieber am Morgen, die anderen lieber am Abend. Ich persönlich gehöre zu den „Abendgießern". Beides hat seine Vorteile: Das morgendliche Gießen versorgt die Pflanzen für den Tag mit Wasser, während beim abendlichen das Wasser über Nacht gut von den Pflanzen aufgenommen werden kann. Auch ist dann die Verdunstung geringer.

Denn damit wären wir bei einem kleinen Nachteil, den der Topfgarten definitiv hat: Man muss häufiger gießen. Aufgrund der begrenzten Topf- und Kübelgröße kann einfach nicht so viel Wasser gespeichert werden wie im Beet. Auch verdunstet das Wasser schneller. An sehr heißen und trockenen Tagen gieße ich sehr durstige Pflanzen, wie zum Beispiel die Hortensien, teilweise zweimal – früh morgens und abends.

Außerdem spielt es eine Rolle, wo die Pflanzen stehen: In sonnigen Lagen oder an Standorten, die viel Wind ausgesetzt sind, muss häufiger gegossen werden als in halbschattigen oder windgeschützten Lagen. Aber es gibt hier keine Faustregel, sondern man muss sich auf sein Gefühl verlassen und ab und zu den Finger in die Erde stecken und fühlen, wie trocken die Erde ist.

Ein Außenwasseranschluss ist sehr praktisch. Hier verschwindet der Gartenschlauch bei Nichtbenutzung dekorativ im Schlauchtopf.

Im Sommer ist das Gießen daher für mich ein allabendliches Ritual, das, wie ich finde, etwas Meditatives hat und bei dem man wunderbar vom Alltag abschalten kann.
Für das Gießen gibt es viele Möglichkeiten und Hilfsmittel wie Wasserspeichermatten, sogar Bewässerungssysteme speziell für Kübel gibt es mittlerweile. Einige funktionieren durch Diffusion z. B. über Tonkegel, andere werden an einen Wasserhahn angeschlossen und von einem elektronischen Timer gesteuert.
Ich persönlich mag die gute alte Gießkanne, denn das ist wiederum ein Vorteil des Topfgartens: Man muss meist keine weiten Wege zurücklegen. Möchte man aber keine Gießkanne tragen, kann man auch mit dem Gartenschlauch gießen. Dafür gibt es z. B. Schlauchmodelle, die sich durch den Wasserdruck auf die doppelte Länge ausdehnen, Systeme, die den Schlauch automatisch wieder in einem Gehäuse aufrollen oder man macht es wie ich und verstaut den Schlauch in einem dekorativen Schlauchtopf.

Ich gieße am liebsten ganz klassisch mit der Gießkanne.

WICHTIG:
Beim Gießen kommt es auf die individuellen Bedürfnisse der Pflanze an. Daher können die Angaben hier im Buch nur eine Richtschnur sein. Je nach Standort, Kübelgröße und Material des Kübels kann der Wasserbedarf abweichen. Wenn eine Pflanze z. B. sehr sonnig steht, braucht sie unter Umständen mehr Wasser als angegeben.
Angaben, die man in Gartenratgebern oder im Internet findet, beziehen sich meist auf Pflanzen, die in einem Beet wachsen. Wie beschrieben, haben Kübelpflanze aber andere Bedürfnisse, z. B. meist einen höheren Wasserbedarf.

Für die Urlaubsversorgung vertraue ich auf meine Schwiegermutter, die gleich nebenan wohnt, oder meiner lieben Freundin und Nachbarin. Nach einer kurzen Einführung gießen wir abwechselnd in den Urlauben die Pflanzen in unseren Gärten und auf den Terrassen. Wenn man etwas abseits stehende Kübel und Töpfe zusammenrückt, macht das den „Urlaubsvertretern“ das Gießen leichter.

Übrigens: Ich benutze keine Untersetzer! Stattdessen gieße ich nur so viel, dass kein Wasser unten aus dem Topf herausläuft. Und tritt doch etwas Wasser und damit auch ein bisschen Erde aus, spüle ich es mit einem weiteren Gießschwung weg, damit keine Flecken entstehen.

WENN ES KALT WIRD: ÜBERWINTERN UND WINTERSCHUTZ

Hübsch dekoriert wird der Winterschutz zum Blickfang.

In meinem Topfgarten setze ich vornehmlich auf winterharte Pflanzen und solche, die mit Schutz im Freien überwintert werden können. Denn wer einen Topfgarten anlegt, hat selten den Platz, viele frostempfindliche Pflanzen drinnen in einem kühlen und hellen Winterquartier zu überwintern, und gerade große Kübelpflanzen sind häufig so schwer, dass man sie kaum bewegen kann. Daher sollte man sich schon beim Kauf informieren, ob die jeweilige Pflanze auch im Winter draußen bleiben kann.

Da die Pflanzen im Topfgarten nicht in der Erde sitzen und daher ihre Wurzeln der Winterkälte stärker ausgesetzt sind als im Beet, sollten jedoch einige Pflanzen, die im Garten ohne Schutz auskämen, im Kübel unter Umständen eingepackt werden. Das ist aber gar nicht so aufwendig, wie es vielleicht klingt und kann sogar ganz dekorativ sein.

KÜBELPFLANZEN EINPACKEN

Zunächst umwickle ich den Kübel mit Luftpolsterfolie und fixiere sie mit Paketband. Alternativ kann man auch z. B. Kokosmatten verwenden. Danach wickle ich der Optik wegen noch Jutestoff um den Kübel und binde das Ganze mit einem schönen Band fest.

Die Erde im Kübel decke ich mit Tannenzweigen oder einer Kokosmatte ab, um die feinen Oberwurzeln zu schützen.

Bei besonders kälteempfindlichen Pflanzen wie z. B. der Olive schütze ich auch den Stamm, indem ich ihn mit einem Jutesack umwickle. So platzt er durch den Frost nicht auf. In diesem „Verpackungszustand“ hält es die Olive eine begrenzte Zeit lang gut bis ca. –5 °C aus.

Ist es jedoch längere Zeit kälter, empfehle ich, eine Winterschutzhaube über die Krone zu ziehen.

Luftpolsterfolie hält schön warm. Der Optik wegen umwickele ich sie mit Jute. Ein Winterschutzvlies schützt auch die Krone und den Stamm.

Diese gibt es in verschiedenen Größen und Farben, wobei man sich lieber für eine etwas größere und am besten mit Reißverschluss entscheidet. So kann man gut noch ein paar andere Pflänzchen darunter geben und diese so gleich mit schützen. Es ist wichtig, die Haube an frostfreien Tagen regelmäßig zu öffnen, damit die Pflanze genügend Licht und Luft bekommt.

Auch im Winter brauchen Kübelpflanzen Wasser – daher unbedingt an frostfreien Tagen gießen! Denn an sonnigen Wintertagen verdunsten die Pflanzen Wasser, ohne dass sie sich im gefrorenen Boden über die Wurzeln mit Wasser selbst versorgen können.
Übrigens: Häufig fragen mich meine Instagram-Follower, was sie falsch gemacht haben, wenn z. B. ihr Buchs nach dem Winter braun und vertrocknet ist. Auf meine Frage, wie oft die Pflanze gegossen wurde, lautet die Antwort oftmals: Gar nicht, ist ja Winter!

TIPP:
Damit ich das Gießen nicht vergesse, lasse ich mich vom Kalender meines Handys ein- bis zweimal die Woche an das Gießen erinnern.

DRINNEN ÜBERWINTERN

Einige Pflanzen, die man im Kübel erwerben kann, sind aber nicht winterhart, sodass man sie im Haus überwintern muss. Bei allen Pflanzen, die ihre Blätter behalten, sollte man auf einen kühlen (bis 5 °C) und vor allem hellen Platz achten. Zitruspflanzen z. B. stehen den Winter über am liebsten in einem hellen, ungeheizten Treppenhaus oder einer Garage mit Fenster. Ist der Raum zu warm, verlieren die Pflanzen ihre Blätter und werden anfällig für Schädlinge.
Übrigens: Während der Ruhephase im Winterquartier benötigen laubabwerfende Kübelpflanzen keinen Dünger. Pflanzen, die ihre Blätter behalten und vielleicht sogar weiterwachsen, können abhängig von der Raumtemperatur gelegentlich niedrige Dosen Dünger erhalten. Nur wenn sie sehr kühl stehen, stellen z.B. Zitruspflanzen das Wachstum ein.

IN FORM HALTEN: SCHNITT

Der Rückschnitt ist besonders im Topfgarten wichtig, schließlich sollen die Pflanzen in Höhe und Breite begrenzt bleiben und ihren Kübeln nicht zu schnell entwachsen. Hier sind natürlich die Geschmäcker unterschiedlich. Manche lassen ihre Pflanzen gern wachsen und schneiden nur, wenn es unbedingt notwendig ist. Ich gehöre aber definitiv zum Typ „gezähmt" und mag es gerne ordentlich in meinem Topfgarten.

Auch regt der richtige Schnitt zur richtigen Zeit das Wachstum der Pflanze an. Bei dem Pflegeschnitt entfernt man unter anderem abgestorbene Äste oder verwelkte Blüten. Außerdem werden alle Äste und Zweige, die einen anderen Ast oder Zweig kreuzen, ausgeschnitten, damit der Baum wieder genügend Licht von innen und so auch Energie für einen Neuaustrieb erhält. Zu lange Triebe, die über den Winter entstanden sind,

Vor dem Schneiden sollte man darauf achten, dass die Scherenklinge sauber ist, damit sich die Schnittstellen nicht infizieren.

Rund geschnitten finde ich Buchs ganz besonders dekorativ.

Regelmäßiger behutsamer Schnitt hält die Pflanzen schön dicht und gesund.

werden im Frühjahr ebenfalls gekürzt. Das hält die Pflanze gesund und macht es Schädlingen und Krankheiten schwerer, sich einzunisten. Lavendel, Storchschnabel & Co. danken einen Rückschnitt nach der ersten Blüte meist später im Sommer mit einer zweiten Blüte. Den Lavendel aber nicht zu tief und nicht ins Holz schneiden. Bei einigen Pflanzen wiederum nimmt man einen Formschnitt vor. Buchs z. B. kann man in die verschiedensten Formen schneiden, wobei ich hier die einfache Kugelform bevorzuge. Auch die Olive würde ich durchaus in Form schneiden, weil sie dadurch kompakter und dichter wächst. Wann und wie man schneidet, hängt von der einzelnen Pflanze sowie den Vorlieben des Gärtners ab. So hat man bei einigen Pflanzen die Wahl, ob man bereits im Herbst oder erst im zeitigen Frühjahr zurückschneidet. Ich gehöre zu den „Frühjahrsschneidern", weil dann zum einen der Austrieb stärker ist, zum anderen entfernt man beim Schneiden auch die Eier, die Schadinsekten möglicherweise in abgestorbenen Pflanzenteilen abgelegt haben. Zudem bieten etwa viele Stauden mit ihren eingetrockneten Blütenständen über den Winter hinweg noch einen schönen Anblick und beleben den Topfgarten auch optisch.

GUT IM TOPF

— Pflanzen für Töpfe und Kübel

FAST ALLES GEHT!

Es gibt so viele wunderbare Pflanzen auf der Welt, doch welche eignen sich für den Topfgarten? Das hängt natürlich von den Bedürfnissen der Pflanzen ab und ob sie mit den besonderen Bedingungen in einem Topf oder Kübel zurechtkommen.

Daher möchte ich zunächst ganz grob zeigen, welche wesentlichen Pflanzengruppen man in Töpfe pflanzen kann. Diese Einordnung macht es leichter, die richtigen Pflanzen für die eigenen Möglichkeiten auszuwählen und sie entsprechend zu pflegen.
Grundsätzlich würde ich sagen, dass sich fast jede Pflanze für die Topfkultur eignet – außer natürlich das graue Fellknäuel im Vordergrund ... Ausnahmen sind selbstverständlich Pflanzen, die sehr schnell eine Größe erreichen, die jeden Kübel sprengen würde.
Ich habe in meinem Topfgarten schon viel ausprobiert, von dem mir abgeraten wurde, und bisher fühlen sich die allermeisten Pflanzen in meinen Kübeln wohl. Doch dafür ist es wichtig zu wissen, was die jeweilige Pflanze braucht. Denn das ist ein großer Vorteil des Topfgartens: Man kann Bedingungen relativ leicht ändern – den Standort, die Wassermenge, den Nährstoffgehalt der Erde und einiges mehr – und es so für eine Vielzahl von Pflanzen passend machen.
Doch jetzt zu Stauden, Gehölzen & Co.!

— „Probieren geht über Studieren!“

Sogar eine Kletterhortensie fühlt sich bei mir im Kübel wohl.

STAUDEN

Moos-Steinbrech

Stauden kennt man meist von üppig bepflanzten Rabatten, doch viele sind auch für den Topfgarten geeignet. Stauden sind immer mehrjährig und größtenteils winterhart. Eine nachhaltige Wahl! Sie zeichnen sich dadurch aus, dass sie sich nach der Wachstumsphase vollständig zurückziehen. Dabei sterben alle oberirdischen Pflanzenteile ab, können aber dennoch den Winter als dekorative Akzente stehen bleiben. Nach der winterlichen Ruhepause treiben die Pflanzen neu aus.

Mit ihrer fast unüberschaubaren Artenvielfalt, ihren vielen Farben und Formen bereichern Stauden jeden Topfgarten. Sie sind nicht nur eine nachhaltige Wahl, weil sie über Jahre im Topf bleiben können, sondern sie erfreuen auch über Monate hinweg mit hübschem Laub, farbintensiven Blüten und oftmals sehr dekorativer Herbstfärbung.
Stauden werden nach Lebensbereichen, also nach den Bedingungen, mit denen sie am besten zurechtkommen, eingeteilt. Wenn man sich bei der Auswahl und Platzierung danach richtet, hat man lange Freude an ihnen.

PFLEGE

Regelmäßiges Bewässern ist vor allem in längeren Trockenperioden erforderlich. Der Boden sollte feucht, aber nicht zu nass sein, damit sich keine Wurzelfäule bilden kann. Es sollte also, wie bei den allermeisten Pflanzen, für eine gute Drainage gesorgt sein. Auch frisch gesetzte Stauden müssen ausreichend gegossen werden, bis sie angewachsen sind.
Bei den meisten Stauden genügt es, wenn man ihnen einmal im Jahr einen Langzeitdünger verabreicht, gerne kann aber auch ein Kübelpflanzendünger verwendet werden.

SCHNITT

Nach der Blüte sollten die meisten Stauden geschnitten werden, denn mit etwas Glück blühen sie dann ein zweites Mal. Allerdings ist es hier abhängig davon, um welche Staude es sich handelt. Die Stockrose z. B. schneidet man gleich nach der Blüte, damit sie ihre Energie nicht in die Bildung von Samen, sondern von neuen Blüten investiert. Die Christrose dagegen wird überhaupt nicht geschnitten, man entfernt lediglich verblühte oder abgestorbene Teile.
Wer es sehr ordentlich mag, schneidet im Herbst, wenn sich die Pflanze zurückgezogen hat, die vertrockneten oberirdischen Pflanzenteile. Allerdings können die trockenen Blätter und Blütenstände sehr schöne Akzente im Topfgarten setzen, und Insekten nehmen sie gern als Unterschlupf und Vögel als Futterquelle an.

TIPP:
Zum Überwintern rate ich, die Staudenkübel etwas zusammenzurücken und am besten an eine schützende Hauswand zu rücken. Bei empfindlichen Stauden packe ich den Kübel ein und decke ihn mit Zweigen oder Laub ab.

EINIGE STAUDEN FÜR DEN TOPFGARTEN

PFLANZE	STANDORT	WASSER-BEDARF	WINTER-HART	BLÜTEZEIT	BESONDERHEITEN
AKELEI *Aquilegia*	sonnig bis halbschattig	gering bis mittel	ja	V–VI	
CHRISTROSE *Helleborus*	halbschattig	mittel	ja	XI–IV	gerne unter Büschen und Bäumen
FRAUENMANTEL *Alchemilla*	sonnig bis schattig	mittel bis hoch	ja	VI– VII	Staunässe vermeiden
FUNKIE *Hosta*	halbschattig bis schattig	mittel bis hoch	ja	VI– VIII	
GARTENMOHN *Papaver orientale*	sonnig bis halbschattig	mittel	ja	V–VI	
HERBSTANEMONE *Anemone japonica*	sonnig bis halbschattig	gering bis mittel	ja	VI bis Herbst	
KLEINES IMMERGRÜN *Vinca minor*	halbschattig bis schattig	mittel	ja, sehr gut	IV–V	
MOOS-STEINBRECH *Saxifraga*	sonnig bis halbschattig	gering	ja	IV–V	perfekt in Steingärten
PRACHTSPIERE *Astilbe japonica*	sonnig bis schattig	mittel bis hoch	ja, sehr gut	VI–IX	
PURPURGLÖCKCHEN *Heuchera*	sonnig bis schattig	gering	ja	IV–IX	vielseitig verwendbar
SCHAFGARBE *Achillea*	sonnig bis halbschattig	gering	ja	V–IX	
SCHLEIERKRAUT *Gypsophila paniculata*	sonnig, windgeschützt	gering bis mittel	bedingt	V–X	Staunässe vermeiden
SILBERKERZE *Actaea*	halbschattig bis schattig	mittel	ja	VI–X	kann bis 2 m hoch werden
STOCKROSE *Alcea rosea*	sonnig, windgeschützt	mittel	ja (zweijährig)	Sommer	
TAGLILIE *Hemerocallis*	sonnig bis halbschattig	mittel	ja, mit Schutz	Ende V und VIII	

GEHÖLZE

Bei den Ziergehölzen unterscheidet man u. a. zwischen Laub- und Nadelgehölzen und Obstgehölzen. Allen Gehölzen ist gemeinsam, dass sich der Stamm anders als bei den Stauden nicht zurückbildet und die oberirdischen Pflanzenbereiche im Winter nicht absterben. **Laubgehölze** sind in den allermeisten Fällen laubabwerfend, wobei es neben den sommergrünen auch die wintergrünen Laubgehölze wie etwa die Rhododendren gibt. Oftmals weisen laubabwerfende Gehölze im Herbst eine schöne Laubfärbung auf.
Sie sind sowohl in Baum- als auch in Strauchform erhältlich und viele Sorten sind bestens für Kübel geeignet.
Nadelgehölze wiederum haben den Vorteil, dass die Mehrzahl von ihnen immergrün bleibt und sie dadurch auch im Winter einen grünen Blickfang im Kübel abgeben, ohne dass ein Winterschutz notwendig wäre. Denn die meisten Nadelgehölze sind winterhart. Daher werden sie auch gerne als Sichtschutz eingesetzt. Es gibt Nadelgehölze wie den Lebensbaum, den Wacholder und die Scheinzypresse, die sich wunderbar als Heckenpflanzen eignen, ebenso Kiefern, Eiben, Fichten und auch der Tannenbaum.
Auch bei den Nadelgehölzen werden mittlerweile viele Zwergformen für die Kübelbepflanzung angeboten und die Auswahl ist entsprechend groß. Sie wachsen im Durchschnitt eher langsam und eignen sich dadurch sehr gut für kleine Gärten und Balkone, denn sie brauchen nicht jedes Jahr einen neuen Kübel.

Hochstämmchen kommen in Kübeln besonders gut zur Geltung.

PFLEGE

Laubgehölze pflanzt man am besten im Frühjahr oder im Herbst mit Erstdüngung in frostbeständige Kübel und Gefäße. Sind die Pflanzen gut angewachsen, gibt man jährlich im Frühjahr um den Austrieb herum ergänzend einen organisch-mineralischen Volldünger hinzu. Meine Gehölze dünge ich entweder mit Kübelpflanzendünger oder bei den Nadelgehölzen auch mit speziellem Koniferendünger. Wichtig ist bei der Pflege auf eine kontinuierliche Bewässerung zu achten – dies gilt insbesondere für Nadelgehölze im Sommer. Aber auch im Winter sollte man die frostfreien Tage nutzen und die immergrünen Nadelgehölze wässern, da sie sonst vertrocknen können.

SCHNITT

Laubgehölze können zurückgeschnitten werden, denn dann treiben sie im Frühjahr erneut und dichter aus. Bei Nadelgehölzen kommt es auf die Art an. Für Hecken geeignete Sorten (siehe S. 62) vertragen regelmäßigen, behutsamen Schnitt. Schneidet man aber zu radikal, können kahle, bräunlich-gelbe Stellen entstehen, weil Nadelgehölze meist nicht von innen heraus neu austreiben.

LAUB- UND NADELGEHÖLZE

PFLANZE	STANDORT	WASSER-BEDARF	WINTER-HART	BLÜTEZEIT	BESONDERHEITEN
AZALEE *Rhododendron luteum*	halbschattig	mittel	ja	IV–X	
BLUMENHARTRIEGEL *Cornus florida*	sonnig bis halbschattig, windgeschützt	mittel	ja	VI	
DEUTZIE *Deutzia*	sonnig bis halbschattig	mittel	ja	V–VI	auch Maiblumenstrauch genannt
FÄCHERAHORN *Acer palmatum*	sonnig bis halbschattig	mittel	ja	V–VI	am besten als Solitärgewächs
FELSENBIRNE *Amelanchier*	sonnig bis halbschattig	mittel	ja	IV	Früchte enthalten viel Vitamin C
FORSYTHIE *Forsythia*	sonnig bis halbschattig	mittel	ja	III	je sonniger der Standort, desto mehr Blüten
GINKGO *Ginkgo biloba*	sonnig bis halbschattig	mittel	ja	IV–V	
KIRSCHLORBEER *Prunus laurocerasus*	sonnig bis halbschattig	mittel	ja	V–VI	
HASEL *Corylus avellana*	sonnig bis halbschattig	mittel	ja	III–IV	
LEBENSBAUM *Thuja*	sonnig bis halbschattig	hoch	ja	IV–V	
LIGUSTER *Ligustrum*	sonnig bis halbschattig	mittel	ja	VI–VII	Bienenmagnet und im Winter Futterpflanze für Vögel
NORDMANNTANNE *Abies nordmanniana*	schattig	mittel	ja	V	bevorzugt Nordausrichtung
RHODODENDRON *Rhododendron*	halbschattig bis schattig	mittel	ja	V–VI	
SOMMERFLIEDER *Buddleja*	sonnig bis halbschattig	mittel	ja	VII–IX	Bienen-/Schmetterlingsmagnet
ZIER-OBSTGEHÖLZE (z. B. Zierapfel, -kirsche, -pflaume)	sonnig bis halbschattig	mittel	ja	III–IV	Früchte reifen besser in voller Sonne
ZYPRESSE *Chamaecyparis*	sonnig, windgeschützt	gering	ja	II–III	verträgt keine trockenen Winterwinde
ZUCKERHUTFICHTE *Picea glauca*	sonnig, windgeschützt	gering	ja	II–III	verträgt keine trockenen Winterwinde

KRÄUTER

Kräuter sind ein absolutes Must-Have in jedem Garten, ganz gleich, ob es sich dabei um einen Topfgarten, eine Fensterbank oder ein Gartenbeet handelt. Und selbst mediterrane Kräuter lassen sich in unseren Breitengraden zumindest mit etwas Winterschutz sogar überwintern, sodass man über mehrere Jahre seine Freude an ihnen haben kann.

Grundsätzlich kann man die Kräuter nach ihren Herkunftsgebieten, in denen sie vorzugsweise gedeihen, grob in einheimische, mediterrane und exotische Kräuter unterteilen. Nicht jedes Kraut gedeiht in jeder Erde, und der Nährstoffbedarf der Kräuter ist sehr unterschiedlich. Die meisten unserer einheimischen Kräuter mögen lockere Erde mit einem mittleren Nährstoffgehalt. Sie sind feuchtigkeitsliebend, mögen aber keine Staunässe. Bei den mediterranen Kräutern sollte das Erdreich dahingehend möglichst locker und nährstoffarm sein, und sie gehören nur mäßig gegossen. Einige wenige Kräuter vertragen auch ordentlich Dünger – Dill, Schnittlauch und Basilikum gehören zu ihnen.

Rosmarin, Salbei & Co. sind auch sehr haltbare Grünschmuckpflanzen.

Auch beim Standort gibt es unterschiedliche Bedürfnisse. Während die mediterrane Fraktion sich über reichlich Mittagssonne freut, überlässt man unseren heimischen Kräuter wie Petersilie, Kerbel, Dill, Schnittlauch, Borretsch und Bärlauch lieber Standorte, die nach Osten oder Norden ausgerichtet sind.

Diese Aspekte sollte man natürlich berücksichtigen, wenn man verschiedene Kräuter in einem Topf kombinieren möchte. Außerdem gibt es Kräuter, die am besten allein aufgehoben sind, da sie z. B. den anderen zu schnell den Platz streitig machen würden. Die Minze ist so ein Kandidat. Gleiches gilt für den Estragon, den man am besten gleich in einen ausreichend großen Topf pflanzt. Beide Kräuter gehören zu den mehrjährigen Pflanzen, die draußen überwintern und im Frühjahr wieder austreiben. Auch Borretsch, der mit seinen violettfarbenen Blüten auch eine optische Bereicherung ist, wird sehr groß und braucht entsprechend Platz.

Viele Kräuter, wie Kresse, Dill und Kerbel, kann man im zeitigen Frühjahr aus Samen bereits vorziehen. Allerdings sollte man diese nicht vor Mai nach draußen setzen. Mediterrane Kräuter erwirbt man am besten gleich als schöne Topfpflanzen. Übrigens gibt es auch spezielle Kräutertöpfe mit seitlichen Pflanzausbuchtungen in unterschiedlichen Höhen. Sie ermöglichen dadurch eine Bepflanzung mit mehreren, allerdings nur kleinwüchsigen Kräutern. Die Bepflanzung erfolgt nach Wasserbedarf: Ganz oben die mediterranen Kräuter, in der Mitte und unten die feuchtigkeitsliebende Kräuter.

Die beste Erntezeit für frische Kräuter sind übrigens die Morgenstunden, und bitte immer mit der Schere ernten und nicht zupfen. Die meisten Kräuter sollten auch vor der Blüte geerntet werden, um das volle Aroma zu erhalten.

EINJÄHRIGE KRÄUTER FÜR DEN TOPFGARTEN

PFLANZE	STANDORT	WASSER-BEDARF	WINTER-HART	BLÜTEZEIT	BESONDERHEITEN
BASILIKUM *Ocimum basilicum*	sonnig, warm, windgeschützt	hoch, keine Staunässe	ja	V–VI	bienen-/insektenfreundlich; hoher Nährstoffbedarf
BORRETSCH *Borago officinalis*	sonnig bis halbschattig, windgeschützt	hoch	ja	V–IX	Laubblätter und Stängel borstig behaart; dekorative Blüten; Tiefwurzler; Hochwuchs
DILL *Anethum graveolens*	sonnig bis halbschattig, windgeschützt	hoch, keine Staunässe	ja	VI–VIII	Tiefwurzler; Hochwuchs; hoher Nährstoffbedarf
KERBEL *Anthriscus*	sonnig bis halbschattig	hoch, keine Staunässe	ja	V–VIII	bereits im zeitigen Frühjahr erntefähig
KORIANDER *Coriandrum sativum*	mäßig sonnig, windgeschützt	hoch	ja	VI–VII	hoher Nährstoffbedarf

MEHRJÄHRIGE KRÄUTER FÜR DEN TOPFGARTEN

PFLANZE	STANDORT	WASSER-BEDARF	WINTER-HART	BLÜTEZEIT	BESONDERHEITEN
LAVENDEL *Lavandula angustifolia*	sonnig	gering	ja	V–VIII	bienen-/insektenfreundlich; Blüten zum Kochen und Backen geeignet
ROSMARIN *Salvia rosmarinus*	sonnig	gering	ja, bis ca. –15 Grad	mehrmals im Jahr	bienen-/insektenfreundlich
SALBEI *Salvia officinalis*	sonnig	gering	ja	VI–VIII	besonders aromatisch; dekorative Blüten
OREGANO *Origanum vulgare*	Sonnig	mittel	ja	VI	bienen-/insektenfreundlich
ESTRAGON *Artemisia dracunculus*	sonnig bis halbschattig, windgeschützt	hoch, keine Staunässe	ja	V–VI	Hochwuchs; Vermehrung durch Teilung
LIEBSTÖCKEL *Levisticum officinale*	halbschattig	hoch	ja	VII–VIII	Hochwuchs; hoher Nährstoffbedarf; bienen-/insektenfreundlich
PETERSILIE *Petroselinum crispum*	halbschattig	hoch	frostfrei überwintern	VI–VII	blüht erst ab dem 2. Jahr
WALDMEISTER *Galium odoratum*	schattig	mittel	ja	IV–VII	enthält Cumarin
PFEFFERMINZE *Mentha × piperita*	sonnig	mittel	ja	VI–IX	Nektar-/Pollenpflanze
THYMIAN *Thymus*	sonnig	gering	ja	V–X	Nektar-/Pollenpflanze
SCHNITTLAUCH *Allium schoenoprasum*	sonnig bis halbschattig	hoch	ja	VI–VII	essbare Blüten; hoher Nährstoffbedarf

ZWIEBELPFLANZEN

Ein erstes Highlight im Topfgartenjahr sind bereits im Spätwinter und im zeitigen Frühjahr die Zwiebelpflanzen. Sie bieten Nahrung für Bienen und erfreuen zugleich mit ihrem frischen Grün und farbenfrohen Blüten das Auge. Bei Blumenzwiebeln unterscheidet man je nach Pflanzzeit zwischen zwei Sorten. Blumenzwiebeln, die bereits im Herbst in den noch frostfreien Boden gesetzt werden, nennt man Frühjahrsblüher oder auch Frühblüher. Sind sie einmal gut im Erdreich eingewurzelt, können sie Frost gut verkraften. Die Pflanzzeit der sogenannten Sommerblüher dagegen liegt im Frühjahr – spätestens im Mai sollten sie in der Erde sein. Sie erblühen, wie der Namen bereits sagt, erst später im Jahr. Zu den Sommerblühern gehören Freesien, Anemonen, Gladiolen und Lilien.

TIPP:
Langstielige Zwiebelblüher freuen sich auch über Stützhilfen, damit sie nicht abknicken.

PFLANZUNG

Beim Pflanzen sind ein ausreichender Abstand und die richtige Pflanztiefe wichtig. Als Grundregel für eine ausreichende Pflanztiefe gilt: die Höhe der Zwiebel mal zwei. Als Erde wählt man am besten Kübelerde.

PFLEGE

Das Gute an den Zwiebelpflanzen ist, dass man sie kaum gießen muss. Im Gegenteil, die Erde darf keinesfalls zu feucht sein, damit die Zwiebeln nicht faulen. Frühblüher kann man im zeitigen Frühjahr düngen. Wenn sie verblüht sind, bitte nicht einfach abschneiden oder wegwerfen, denn sie blühen im nächsten Jahr wieder.
Die Blätter sollte man auch nicht abschneiden, sondern langsam eintrocknen lassen, denn die Blüte gewinnt durch die Blätter neue Kraft, die in der Zwiebel für das nächste Jahr speichert. Die Blütentriebe können dagegen bedenkenlos abgeschnitten werden, sie rauben der Pflanze unnötig Energie! Sind die Blätter eingetrocknet, kann man die

Traubenhyazinthen

Kleine gefüllte Narzissen

Zwiebeln einfach wieder ausgraben. Danach müssen sie von Laub befreit, gesäubert und getrocknet werden. Für die Lagerung empfehle ich entweder einen Karton, Korb oder ein luftdurchlässiges Netz, das im Keller oder einem anderen kühlen, trockenen und dunklen Ort aufgehängt werden kann. Und immer daran denken, die Zwiebeln zu beschriften, damit man später noch weiß, was man da getrocknet hat! Im späten Herbst können die Zwiebeln dann wieder eingesetzt werden.
Bei Sommerblühern ist übrigens eine Düngung angeraten, wenn die Triebe ca. 10–15 cm im Kübel stehen. Für eine üppige Blüte sollte man später auch die verblühten Blüten entfernen.

KLEINER BLÜHKALENDER FÜR FRÜHLINGSBLÜHER

PFLANZE	II		III		IV		V		VI		VII		VIII		IX	
WINTERLING *Eranthis hyemalis*	■	■	■													
SCHNEEGLÖCKCHEN *Galanthus*	■	■	■	■												
IRIS *Iris*	■	■	■	■												
KROKUS *Crocus*	■	■	■	■												
MÄRZENBECHER *Leucojum vernum*		■	■	■	■											
HYAZINTHE *Hyacinthus*		■	■	■	■											
TRAUBENHYAZINTHE *Muscari botryoides*				■	■	■	■	■								
NARZISSE *Narcissus*				■	■	■	■	■								
TULPE *Tulipa*				■	■	■	■	■								
WINDRÖSCHEN *Anemone*								■	■	■	■	■	■	■		
LILIE *Lilium*								■	■	■	■	■	■	■	■	
GLADIOLE *Gladiolus*										■	■	■	■	■	■	
FREESIE *Freesia*											■	■	■	■	■	

EINJÄHRIGE BLÜHPFLANZEN

Natürlich ist nicht jede Pflanze mehrjährig oder winterhart und eignet sich aufgrund dessen eher für eine saisonale Bepflanzung oder auch eine Unterpflanzung in Kübeln. So erlauben sie mehrmals im Jahr eine Neugestaltung der Kübel und Töpfe. Einjährige Blumen, oder auch Sommer-Annuelle, sind Pflanzen, bei denen das Keimen, das Blühen und das Bilden von Samen innerhalb einer Saison erfolgt. Danach sterben sie ab und nur die Samen überdauern. Viele dieser Pflanzen säen sich auch von allein aus und überraschen uns dann im nächsten Jahr an einem völlig anderen Standort. Viele Blumen sind einjährig, z. B. Sonnenblumen, Ringelblumen, Löwenmäulchen, Zinnien, Malven, Männertreu, Fleißige Lieschen und Petunien. Letztere gibt es mittlerweile in unzähligen Farben und Varianten, und sie begeistern mich vor allem aufgrund ihrer leuchtenden Farben – ein absoluter Hingucker! Allerdings sollte man bei der Petunie darauf achten, dass sie windgeschützt ist und ihre

Mit Petunien in Weiß und Lila gelingt ganz leicht ein hübsches Arrangement.

feinen Blüten nicht im Regen „ertrinken". Wenn die Petunien einen sonnigen Standort haben, dann entwickeln sie weitaus mehr Blüten als im Halbschatten. Ebenfalls sollte man sie regelmäßig „ausputzen", das heißt, abgeblühte Blüten sowie welke Triebe entfernen.
Außerdem gilt meine ganz besondere Liebe den Kosmeen, auch Schmuckkörbchen genannt. Sie machen sich als Zierpflanze gut in großen Kübeln und Töpfen. Allerdings benötigen sie viel Sonne, für sie darf es daher gern ein vollsonniger Platz sein. Beim Wasserbedarf hingegen zeigt sie sich genügsam, und Staunässe mögen sie nicht gerne. An sehr heißen Tagen sollten man sie zwar ausreichend wässern, aber immer einen guten Wasserabfluss gewährleisten.

EINJÄHRIGE BLÜHPFLANZEN FÜR DEN TOPFGARTEN

PFLANZE	STANDORT	WASSER-BEDARF	BLÜTEZEIT	BESONDERHEITEN
FLEISSIGES LIESCHEN *Impatiens walleriana*	halbschattig bis sonnig	hoch	V–X	Dauerblüher
JUNGFER IM GRÜNEN *Nigella damascena*	sonnig	gering	VI–VIII	
KAPUZINERKRESSE *Tropaeolum*	schattig	mittel	VII–X	antibakteriell, kann man essen
KOSMEE *Cosmos bipinnatus*	sonnig	gering	VI–X	einige Sorten sind mehrjährig
LÖWENMÄULCHEN *Antirrhinum*	sonnig bis halbschattig	gering	VI–X	sät sich selbst aus
MALVE *Malva*	sonnig bis halbschattig	mittel	VII–IX	
MÄNNERTREU *Lobelia erinus*	sonnig bis halbschattig	hoch	V–IX	Frühjahr wenig Wasser, im Sommer häufig gießen
PETUNIE *Petunia*	sonnig bis halbschattig	hoch	IV–X	Farbenvielfalt
RINGELBLUME *Calendula officinalis*	sonnig	gering	VI–XI	Heilpflanze
SCHWARZÄUGIGE SUSANNE *Thunbergia alata*	sonnig	mittel	IV–X	Kletterpflanze
SONNENBLUME *Helianthus annuus*	sonnig	mittel	VI–X	dreht sich zur Sonne
ZINNIE *Zinnia elegans*	sonnig	gering	VI–X	manche Züchtungen haben bis zu 15 cm große Blüten

FRÜHLING

— *frisches Grün im Topfgarten*

NATURERWACHEN IM TOPFGARTEN

Der Frühling ist die Zeit im Jahr, die ich immer kaum erwarten kann. Sobald sich die ersten etwas wärmeren Sonnenstrahlen zeigen und es in den Nächten keinen Frost mehr gibt, juckt es mich förmlich in den Fingern. Ich will raus und meinen Topfgarten aus dem Winterschlaf aufwecken!

Sobald es das Wetter erlaubt, wird draußen die Terrasse gefegt, Winterabdeckungen werden entfernt und geschaut, wie die Pflanzen, die draußen überwintert haben, die kalte Jahreszeit überstanden haben.
Nach der Winterpause hat man oft auch einen neuen, frischen Blick auf Terrasse und Balkon. Jetzt ist eine hervorragende Gelegenheit, Töpfe und Kübel umzustellen und neu zu arrangieren – einer der tollen Vorteile des Topfgartens! Es ist zwar draußen noch kalt und das Wachstum der Pflanzen ist noch verhalten, trotzdem sehnt man sich nach fröhlichen Farbtupfern. Diese kann man sich ganz wunderbar z. B. mit Frühblühern und anderen blühenden Pflanzen in den Topfgarten holen. Hier zeige ich ein paar Ideen dazu und gebe auch Infos zu Pflanzen, um die man sich jetzt kümmern sollte, was es für schöne Gestaltungsmöglichkeiten gibt und vieles mehr. Außerdem sollte man im Frühling an die Tiere, besonders die Insekten, denken, denn jetzt erwachen sie aus ihrer Winterstarre oder kommen aus ihrem Winterquartier hervor und freuen sich über über jede Blüte als Nahrungsangebot.

Narzissen gehören zu meinen liebsten Frühlingsboten.

— „Ich freue mich immer sehr über die ersten Farbtupfer im Frühling. Sie machen einfach gute Laune!“

FRÜHLINGS-ARRANGEMENT: HORNVEILCHEN UND RANUNKELN

SCHÖNE KOMBI

Eine schöne Kombination besonders im Frühling sind Klassiker wie Hornveilchen und Ranunkeln. Ihre verschiedenen Blütenformen und der unterschiedliche Wuchs tragen zu einer gelungenen Pflanzkombination wesentlich bei.

Weiße Ranunkeln und bordeauxfarbene Hornveilchen ergeben einen schönen Kontrast.

TIPP:
Ich schneide die verwelkten Blüten ab und zupfe abgestorbene oder vertrocknete Blätter raus – so regt man das Pflanzenwachstum am besten an.

Ich liebe **Hornveilchen** sehr, weil sie ab März bis teilweise in den Juni blühen. Sie werden zwar als Einjährige kultiviert, kommen aber mit etwas Glück wieder und sind auch frostfest. So sind sie häufig zweijährig und säen sich zum Teil sogar selbst aus. Ich habe sie schon an den interessantesten Standorten gefunden, wo ich sie nie gepflanzt habe!
Hornveilchen sollte man erst gießen, wenn die Erde recht trocken ist, und unbedingt Staunässe vermeiden. Die kleinen Blümchen sind sehr winterhart und können gut mit Frost umgehen. Man sollte nur daran denken, sie mit Ästen oder Reisig zu schützen. Die Gefahr stellt hier eher die Wintersonne dar, die diese vertrocknen lassen kann.
Ranunkeln sind Knollenpflanzen. Sie werden häufig schon sehr früh, ab Februar in den Gartencenter angeboten; diese eignen sich dann aber nur für den Innengebrauch und können erst nach dem Frost draußen in Kästen und Kübel gesetzt werden.

Steckbrief

HORNVEILCHEN

VIOLA CORNUTA

STANDORT: sonnig bis halbschattig
WASSERBEDARF: mittel bis hoch
WINTERHART: ja, bis ca. –15 °C
PFLEGEAUFWAND: gering
LEBENSDAUER: mehrjährig (mit Winterschutz)
BLÜHZEIT: März bis Juni/Juli
WUCHSFORM: buschig
BESONDERHEITEN: Rückschnitt nach dem ersten Verblühen führt oftmals zu einer zweiten Blüte

Eine einheitliche Farbgebung wirkt immer elegant.

Die Ranunkel gibt es in vielen verschiedenen Farben, von Weiß über Rosa bis Rot, Orange und Gelb. Ihre Wuchsform ist aufrecht, und sie wachsen ca. 20 cm hoch. Auch zweifarbig habe ich sie schon gesehen. Ich empfehle, die Erde stets feucht zu halten, denn sonst lassen sie ziemlich schnell ihre hübschen Köpfchen hängen.

WICHTIG!
Die Ranunkel ist giftig. Mit kleinen Kindern oder Tieren im Haushalt sollte man eventuell auf sie verzichten.

Steckbrief

RANUNKEL
RANUNCULUS ASIATICUS

STANDORT: halbschattig bis sonnig
WASSERBEDARF: mittel bis hoch
WINTERHART: nein
PFLEGEAUFWAND: gering
LEBENSDAUER: einjährig
BLÜHZEIT: März bis Juni
WUCHSFORM: einjährig
BESONDERHEITEN: bienenfreundlich; giftig!

INSEKTENFREUNDLICHE PFLANZEN

— für kleine Gartengäste

Immer mehr geht man dazu über, Gärten, Balkone und Terrassen naturnah zu bepflanzen und die Artenvielfalt fördern. Dadurch werden auch allerlei nützliche Insekten wie Bienen, Hummeln und Schmetterlinge eingeladen.

Ich finde es herrlich entspannend, auf der Terrasse zu sitzen und den Bienen und Hummeln bei ihrem geschäftigen Treiben zuzuschauen. Überall summt und brummt es, und hin und wieder lässt sich auch ein prächtiger Schmetterling auf den grünen Blättern nieder. Doch nicht nur ich erfreue mich am Besuch vieler Insekten, denn die Insekten sind darauf angewiesen, auch in Kübelgärten einen Lebensraum und Nahrung zu haben, denn in den Monokulturen auf den Feldern und in mit Kies bedeckten Vorgärten finden sie kaum noch Nahrung.

Darum sind grundsätzlich alle Pflanzen in meinem Topfgarten insekten- und bienenfreundlich. So tummeln sich sogar in unserer Ligusterhecke, die wie alles bei uns in Kübeln sitzt, Schmetterlinge, Wildbienen und sogar Heuschrecken. Sobald sich die ersten Blüten öffnen, herrscht im Garten, auf dem Balkon oder der Terrasse ein wundervolles Summen und Zirpen.

Besonders in den heißen Sommermonaten freuen sich Bienen und Insekten über kleine, flache Wasserstellen, um hier ihren Durst stillen zu können.

Für bienenfreundliche Arten und Sorten sollte man bei Balkon- und Kübelpflanzen auf ungefüllte Blüten achten. Beim Pflanzenkauf findet man auch häufig einen Hinweis wie „Bienenweide“ auf dem Etikett. Und nicht nur Blühpflanzen, auch viele Küchenkräuter bieten die begehrte Insektennahrung. Ich versuche immer, die Bepflanzung über das Jahr so zu gestalten, dass kontinuierlich etwas blüht, was Bienen und Insekten Nahrung bietet. Dabei dürfen auch die Herbstmonate nicht zu kurz kommen.

Mittlerweile werden in Fachmärkten fertige Insektenhotels angeboten, die für die Insekten Nist- und Überwinterungshilfen sind. Diese künstlich geschaffenen Lebensräume werden von den Insekten dankbar angenommen. Und natürlich sollte man auf den Einsatz von Pestiziden so weit als möglich verzichten und auf eine natürliche Schädlingsbekämpfung setzen.

Ich kann nur jedem empfehlen, seinen Balkon oder die Terrasse bienen- und insektenfreundlich zu gestalten, denn ohne diese wunderbaren Insekten wird es uns selbst in nicht allzu ferner Zukunft nicht mehr geben.

INSEKTENFREUNDLICHE KÜBELPFLANZEN

- Aster (*Aster*)
- Basilikum (*Ocimum basilicum*)
- Buchs (*Buxus sempervirens*)
- Dahlie (*Dahlia*)
- Fächerblume (*Tanacetum*)
- Fetthenne (*Sedum*)
- Heidekraut (*Calluna vulgaris*)
- Himbeere (*Rubus idaeus*)
- Katzenminze (*Nepeta*)
- Lavendel (*Lavandula angustifolia*)
- Margerite (*Leucanthemum*)
- Minze (*Mentha*)
- Portulakröschen (*Portulaca grandiflora*)
- Rosmarin (*Salvia rosmarinus*)
- Salbei (*Salvia*)
- Schmetterlingsflieder (*Buddleja davidii*)
- Sonnenhut (*Rudbeckia*)
- Stockrose (*Alcea rosea*)
- Taglilie (*Hemerocallis*)
- Vanilleblume (*Heliotropium arborescens*)

ROSMARIN-STÄMMCHEN MIT HORNVEILCHEN

SCHÖNE KOMBI

Eine sehr schöne Kübelpflanze und ein vielfältiger Kombinationspartner ist der **Rosmarin** (siehe S. 35). Ich habe ihn in vielen verschiedenen Varianten: hängend, als Busch oder als Hochstämmchen.

Aus der mediterranen Küche ist das Kraut nicht wegzudenken, aber abgesehen von seinem kulinarischen Nutzen ist es auch eine wunderbare immergrüne Schmuckpflanze, die einen mit ihrem einzigartigen Duft erfreut. Und über die unzähligen winzigen, blaulilafarbenen Blüten freuen sich auch Bienen und Insekten, die hier emsig Pollen und Nektar ernten.

Will man Rosmarin in einem Kübel kombinieren, bieten sich Hochstämmchen an, da sie den anderen Pflanzen genügend Raum und Licht lassen. Mit **Hornveilchen** (Steckbrief S. 42) gelingt hier eine stimmige Unterpflanzung, denn sie blühen wie der Rosmarin im Frühjahr. Auch ihr Wasserbedarf ist ähnlich.

TIPP:
Sobald die Hornveilchen verblüht sind, nehme ich den Rosmarin aus dem Kübel und pflanze ihn entweder als Solitärpflanze in einen Topf oder kombiniere ihn mit anderen Kräutern, z. B. Lavendel, oder mit sommerblühenden Blumen.

Wenn der Rosmarin blüht, stellen sich bald emsige Insekten ein.

Die weißen Hornveilchen sind eine zarte Ergänzung zum robusten Rosmarin.

LANGLEBIGES TRIO: ROSMARIN, LAVENDEL UND MOOS-STEINBRECH

SCHÖNE KOMBI

Rosmarin, Lavendel und Moos-Steinbrech ergänzen sich in der Kombination aufgrund eines ähnlichen Wasserbedarfs ganz wunderbar, besonders, wenn man sie in der Höhe gestaffelt in den Kübel pflanzt: hinten das hohe Rosmarin-Stämmchen, davor der mittelhohe Lavendel (siehe S. 35) und ganz vorn der niedrige, aber bezaubernd blühende Steinbrech.

Lavendel ist mehrjährig, immergrün und winterhart. Er verholzt im unteren Pflanzenbereich und liebt sonnige Standorte. Das mediterrane Kraut hat einen mittleren bis niedrigen Wasser- und Nährstoffbedarf und gehört im Frühjahr oder im Herbst bis auf das Holz zurückgeschnitten, damit seine Form schön buschig bleibt.

Rosmarin verholzt ebenfalls im unteren Bereich und ist mehrjährig. Sein Nährstoffbedarf ist niedrig bis mittel. Auch hier erfolgt der Rückschnitt im Frühjahr bis ins Holz für eine buschige Form.

Der **Moos-Steinbrech** gehört zu den Stauden. Er wird sehr gerne als Bodendecker verwendet, ist aber auch in Kübeln sehr attraktiv. Ab Ende April trägt er weiße, etwa 10–15 cm hohe Blüten über dem bodennahen Laub.
Er bevorzugt einen halbschattigen bis sonnigen Standort. Der Moos-Steinbrech ist anspruchslos und in unseren Breiten heimisch. Er wird von Insekten gern angeflogen, und besonders Schmetterlinge schätzen die kleinen weißen Blüten.

Ich persönlich setze die Pflanzen in Kübeln am liebsten dicht zusammen. Im Winter umwickle ich den Kübel leicht mit einem Jutesack und kann die Pflanzen so auf dem Balkon überwintern.

Steckbrief

MOOS-STEINBRECH

SAXIFRAGA BRYOIDES

STANDORT: halbschattig bis sonnig
WASSERBEDARF: gering bis mittel
WINTERHART: ja (bis –22 °C)
PFLEGEAUFWAND: gering
LEBENSDAUER: mehrjährig
BLÜHZEIT: ab Ende April
WUCHSFORM: niedrig, Bodendecker
BESONDERHEITEN: guter Kombinationspartner

Diese Kombination kann über mehrere Jahre im Kübel bleiben.

BUCHSBAUM

Eine meiner absoluten Lieblingspflanzen und fast schon eine Passion ist der Buchs. Mit dieser Pflanze beschäftige ich mich schon seit meinem 16. Lebensjahr und habe meiner Mutter damals sogar ein Büchlein dazu zusammengestellt.
Viele der Buchse in meinem Garten und Topfgarten sind schon sehr alt. Als meine Eltern vor fast 25 Jahres ihr Haus verkauften und wegzogen, grub meine Mutter alle ihre Buchsbäume aus und hat einige auch an mich weitergereicht. Seitdem sitzen sie im Topf und sind mit mir sechsmal umgezogen. Also ja: Buchsbaum eignet sich definitiv für die Kultur im Kübel! Buchsbaum ist immergrün und robust – die ideale Schmuckpflanze für den Topfgarten. Da lohnt es sich durchaus, den Kampf gegen den Buchsbaumzünsler aufzunehmen – doch dazu später (siehe S. 130).
Weltweit gibt es rund 70 verschiedene Buchsbaum-Arten. Bei uns hier in Mitteleuropa ist der gewöhnliche Buchs beheimatet. Er ist relativ anspruchslos, auch was die Erde angeht. Die Erde sollte nicht austrocknen, es sollte sich aber auch keine Staunässe bilden – dann ist er schon zufrieden.
Der Buchs gehört zu den insektenfreundlichen Pflanzen und liefert den Bienen bereits ab März Nahrung – seine kleinen, gelbgrünen Blütenbüschel ziehen ab Ende März, Anfang April Bienen und andere Insekten magisch an.

BUCHSBAUM SCHNEIDEN

Buchsbaum ist sehr schnittverträglich. Es gilt: Je öfter, desto besser! Denn je öfter Buchs geschnitten wird, desto dichter wird sein Wuchs. Daher eignet er sich auch hervorragend als Formschnittpflanze. Meine Buchse sind allerdings alle nur klassisch rund oder länglich nach oben geformt. Ich schneide meine Buchse zum ersten Mal im Jahr nach dem ersten Austrieb. Danach bekommt er von April bis September regelmäßig einen Schnitt, wenn ich das Gefühl habe, dass er aus der Form wächst. Zum Schneiden verwende ich eine Akku-Strauchschere – selbstverständlich kann man aber auch manuell mit einer Buchsschere schneiden.

TIPP:
Von April bis einschließlich September dünge ich die Pflanzen einmal pro Woche mit flüssigem Buchsbaumdünger. Im Oktober bekommen sie Algenkalk, um gut auf den Winter vorbereitet zu sein, und März ebenfalls, damit er sich gut von den Strapazen des Winters erholen kann.

Bei meinen Buchsbäumen gefällt mir ein klassischer Schnitt in Kugelform am besten.

Steckbrief

BUCHSBAUM

BUXUS SEMPERVIRENS

STANDORT: sonnig bis schattig
WASSERBEDARF: mittel
WINTERHART: ja
PFLEGEAUFWAND: gering bis mittel
LEBENSDAUER: mehrjährig
BLÜHZEIT: Ende März/Anfang April
WUCHSFORM: buschig
BESONDERHEITEN: Formschnittgehölz

WICHTIG:
Buchs sollte man nur schneiden, wenn der Himmel bewölkt ist oder ein paar Regentage folgen, sonst können die nun neu der Sonne ausgesetzten Blätter im wahrsten Sinne einen Sonnenbrand bekommen. In einer längeren sonnigen Phase kann man den Buchs nach dem Schnitt mit einem leichten Vlies abdecken, um ihn vor der Sonneneinstrahlung zu schützen.

OLIVENBAUM

Ein Thema, das mir ganz besonders am Herzen liegt und dem ich hier daher etwas mehr Raum widmen möchte, ist der Olivenbaum. Er eignet sich sehr gut als Kübelpflanze, weil er in Bezug auf Boden und Wurzelausbreitung sehr genügsam ist. Er braucht insgesamt wenige Pflege und Platz, daher wird er sogar in seinen Ursprungsländern häufig als Kübelpflanze eingesetzt.

Über die Jahre habe ich mir einiges an Wissen zu dieser wunderbaren Pflanze, mit der jede Terrasse ein mediterranes Flair erhält, erarbeitet und kultiviere mit großem Erfolg mehrere Olivenbäume in Kübeln. Mittlerweile bin ich sogar Markenbotschafterin für die „Ager Oliva" in der Toskana und sehr stolz darauf.

Das Interesse an Olivenbäumen für den Topfgarten ist groß, das erfahre ich immer wieder auf meinem Instagram-Account. Doch obwohl viele ihre Terrasse gern mit einer Olive im Kübel schmücken würden, trauen sich die meisten nicht heran. Warum? Weil sie Angst vor dem Überwintern haben. Doch das ist recht einfach, denn die Olive ist robuster, als man denkt, vor allem die schon etwas größeren Bäume, die allerdings natürlich ihren Preis haben.

PFLEGE UND SCHNITT

Ich werde immer wieder gefragt, wie oft ich meine Olivenbäume gieße. Das ist wie bei so vielem nicht allgemeingültig zu beantworten, denn es kommt auf den Standort und die Kübelgröße an und natürlich auf die Region, in der man lebt.

An einem sonnigen Standort, der von der Olive absolut bevorzugt wird, sollte man im Sommer schon etwa alle zwei Tage bis täglich gießen. Bitte unbedingt für eine gute Drainage sorgen, damit sich keine Staunässe bildet, denn das verträgt die Olive gar nicht!

Die Blüte des Olivenbaums ist recht unscheinbar. Wenn man den Baum gut pflegt, belohnt er uns dafür aber mit reifen Oliven.

Selbst im Kübel ist ein Olivenbaum eine imposante Erscheinung.

Sehr dankbar ist die Olive für regelmäßige Düngung! Ich empfehle, im Sommer wöchentlich mit Flüssigdünger für mediterrane Pflanzen zu düngen. Ab Oktober und den Winter hindurch genügt es, einmal im Monat an frostfreien Tagen zu düngen. Bei der Kultur im Topf stehen der Pflanze einfach nicht so viele Nährstoffe zur Verfügung wie bei ausgepflanzten Bäumen.

Nach dem Auswintern bekommt die Olive ihren Pflegeschnitt, bei dem alle vertrockneten oder sich kreuzenden Äste ausgeschnitten werden. Zu lange Triebe werden jetzt ebenfalls gekürzt.

Übrigens: Ich gieße meine Topfpflanzen nach Bedarf, denn dieser kann je nach Temperatur, Sonneneinstrahlung und Art des Pflanzgefäßes variieren. Auch gieße ich entweder in den frühen Morgenstunden oder am Abend, nicht in der Mittagszeit bei voller Sonne.

EIN- UND UMTOPFEN

Auf Instagram werde ich häufig nach der der idealen Topfgröße für einen Olivenbaum gefragt. Die meisten Menschen glauben, dass ein großer Baum auch einen sehr großen Topf benötigt. Bei der Olive ist das aber nicht unbedingt der Fall.

Steckbrief

OLIVENBAUM

OLEA EUROPAEA

STANDORT: sonnig bis halbschattig
WASSERBEDARF: mittel
WINTERHART: bedingt (draußen mit Winterschutz)
PFLEGEAUFWAND: gering bis mittel
LEBENSDAUER: mehrjährig
BLÜHZEIT: V–VI
WUCHSFORM: Baum

Kleine Olivenbäumchen nutze ich im Sommer auch gerne als Tischdeko.

Beim Umtopfen sollte der neue Topf im Durchmesser nur vier bis selchs Zentimeter größer sein als der alte. Wählt man einen viel größeren Kübel, steckt die Pflanze zunächst ihre ganze Kraft in die Verwurzelung, worunter die Krone mit den Blättern leidet.

Die beste Zeit zum Ein- und Umtopfen ist ganz klar das Frühjahr. Natürlich kann man Containerware auch später eintopfen, dann allerdings konkurrieren die Blüten und das Wurzelwachstum um die Energie der Pflanze.

Man kann spezielle Erde für mediterrane Pflanzen verwenden. Oder man macht es wie ich: Ich nehme hochwertige Kübelpflanzenerde und vermische sie mit etwas Sand, das macht sie schön locker und luftdurchlässig. Auch hier ist es wichtig, dass gut eingegossen und gedüngt wird – so steht einer gesunden Olive nichts im Weg!

In unseren Breiten sind Olivenbäume häufig von der Augenfleckenkrankheit betroffen, einer Pilzerkrankung (mehr dazu ab S. 132). Nicht nur wachsen dann keine Blätter mehr nach, mit der Zeit vertrocknen sogar die Zweige regelrecht. Wenn man auf die richtige Pflege achtet, hat man aber sehr viel Freude an dieser wunderbaren mediterranen Pflanze, die sich längst auch schon bei uns wohlfühlt, und sie dankt es dann mit ihren traumhaften Früchten.

WINTERSCHUTZ

Die Frage, wie man die Olive beim Überwintern im Freien vor unseren tiefen Wintertemperaturen schützt, treibt viele meiner Follower auf Instagram um. Am wichtigsten ist dabei, dass der Wurzelballen und der Stamm geschützt werden, aber hierfür gibt es gute Möglichkeiten, die auch noch dekorativ sein können (siehe S. 24).

Übrigens: Ein neuer Standort kann Wunder wirken. Meine große Olive z. B. sah auf einmal ganz erbärmlich aus. Ich fragte mich, warum. Dann wurde mir bewusst: Als ich die Olive vor zwei Jahren gekauft hatte, waren sowohl sie als auch der Ahornbaum, neben den ich sie platziert hatte, noch kleiner. Doch jetzt wurde sie von dem schneller wachsenden Ahorn förmlich erdrückt. Die beiden waren einfach keine guten Nachbarn mehr. Nach einer großen Umstellaktion des schweren Kübels entwickelt sich die Olive jetzt wunderbar und bildet viele neue Triebe und sogar Blüten. Danke an dieser Stelle an meine liebe Freundin Bianca und ihren Mann Roland, ohne die diese Aktion nicht möglich gewesen wäre – und auch kein Olivenbaum mehr bei mir stehen würde!

TIPP:

Sehr gut harmoniert die Olive mit Lavendel, der sie zugleich vor Schädlingsbefall schützen kann. Ich selbst habe überall bei meinen mediterranen Pflanzen Lavendel gepflanzt oder im Kübel nebenan aufgestellt.

BONSAI
— *im Topfgarten*

Ein absoluter Trend für kleine Gärten oder Balkone, der gerade aus Italien zu uns herüberkommt, sind Bonsais für den Topfgarten. Ich habe meinen ersten kleinen Olivenbaum von meiner Freundin geschenkt bekommen und war so begeistert, dass mittlerweile fünf Bonsai-Oliven und eine Bonsai-Weinrebe bei mir wohnen.

Die Entwicklung geht mehr und mehr hin zu kleinen Gärten, und vor allem in der Stadt hat man häufig nur einen kleinen Balkon. Dort kann man nicht wie ich große Olivenbäume stellen, daher finde ich diese Bonsai-Topfpflanzen eine wunderschöne und vor allem auch dekorative Alternative zur großen Kübelpflanze. Letztendlich sind natürlich die meisten Kübelpflanzen eigentlich Bonsais, in dem Sinne, dass sie kleine Züchtungen sind und auch durch die Haltung im Kübel und durch Schnitt klein gehalten werden. Aber diese Topf-Bonsais, die ich hier vorstelle, entsprechen viel eher den Ursprüngen, denn das Wort Bon-Sai kommt aus dem Japanischen und bedeutet so viel wie „Anpflanzung in der Schale".

Sehr wichtig bei Bonsais auf der Terrasse oder dem Balkon ist das tägliche Gießen. Aufgrund des kleinen Topfes kann nicht viel Wasser gespeichert werden, dennoch sind sie der Witterung so ausgesetzt wie die großen Kübelpflanzen.

Auch in Miniatur-Ausführung macht sich die Olive im Topfgarten sehr gut.

Der **Oliven-Bonsai** (*Olea europaea* var. *sylvestris*) bevorzugt genau wie der große einen sehr sonnigen Standort. Insgesamt behandele ich sie wie die Oliven in den großen Kübeln, allerdings dünge ich sie nur etwa alle zwei bis drei Wochen. Wenn die Äste zu lang werden, kürze ich sie, auch im Jahresverlauf. Dennoch sollte man wie bei den großen im späten Winter oder sehr zeitigen Frühjahr einen stärkeren Rückschnitt vernehmen. Beim Erhaltungsschnitt werden die Triebe auf zwei bis drei Blätter zurückgeschnitten.
Ansonsten ist die Bonsai-Olive relativ pflegeleicht und daher gut für Topfgarten-Neulinge geeignet. Im Winter packe ich die Mini-Olivenbäume gut mit ihren Töpfen ein und stelle sie an einen kühlen und hellen Platz. Wenn die Temperaturen unter 0 Grad gehen, lege ich noch ein Gartenvlies über die Kronen. Das Gießen nicht vergessen!

Auch mein **Weinreben-Bonsai** (*Vitis vinifera bonsai*, Seite 56 rechts) zaubert auf kleinen Balkonen oder in Gärten eine wunderbar mediterrane Atmosphäre. Er ist noch robuster und pflegeleichter als die Bonsai-Olive und kann ähnlich behandelt werden. Auch er mag einen sonnigen Standort und verträgt wie die Olive keine Staunässe. Dünger bekommt die Weinrebe nicht, denn Wein gedeiht auch auf kargen Böden. Wenn man unbedingt möchte, kann man ihr alle drei bis vier Wochen Kübelpflanzendünger verabreichen. Ansonsten kalke ich die Bonsai-Weinrebe ebenso wie die Bonsai-Olive im Frühjahr und noch einmal im Herbst.
Im Winter kann die Weinrebe auch ungeschützt draußen bleiben, da sie bis –15 Grad winterhart ist. Ich persönlich schütze aber den Topf schon, damit der Wurzelballen nicht durchfriert.

GRANATAPFELBAUM

Im Frühjahr 2022 ist ein neuer Schatz in meinen Topfgarten eingezogen, der mir seither sehr viel Freude bereitet. Ich habe den kleinen Baum, der zu den Obstgehölzen zählt, im Internet bestellt, weil ich unbedingt einen haben wollte, er aber regional nicht angeboten wurde.

Sehr ungewöhnlich, der Granatapfel.

Als ich ihn ausgepackt hatte, stand er ganz nackt und ohne Äste vor mir. Ich war wirklich erschrocken! Doch ich wäre nicht ich, wenn ich nicht an die Kraft der Natur glauben würde. Bei Pflanzen bringe ich viel Geduld auf – sonst im Leben eher nicht ...

Also pflanzte ich den kahlen Baum in luftdurchlässige, nährstoffarme mediterrane Pflanzerde, stellte ihn an einen sonnigen Standort und ließ ihn bis auf regelmäßige Wassergaben erst einmal in Ruhe. Gut drei Wochen später traute ich meinen Augen kaum, denn erste frische Triebe zeigten sich. Wieder drei Wochen später waren darauf bei guter Bewässerung und voller Sonne ansehnliche Zweige geworden.

PFLEGE UND SCHNITT

Seitdem dünge ich den Granatapfelbaum in der Wachstumsphase wöchentlich mit Dünger für mediterrane Pflanzen – und der Baum ist wirklich kaum wiederzuerkennen!

Steckbrief

GRANATAPFELBAUM

PUNICA GRANATUM

STANDORT: sonnig
WASSERBEDARF: mittel
WINTERHART: bis ca. –10 °C (mit Winterschutz, besser in Keller oder Garage)
PFLEGEAUFWAND: gering
LEBENSDAUER: mehrjährig
BLÜHZEIT: VI–IX
WUCHSFORM: kleiner Baum, 200–500 cm hoch
BESONDERHEITEN: bienen- und insektenfreundlich, sehr leckere Früchte

Bis zum Ende des Sommers und in den Herbst hinein erfreut er mich seither nun mit seinem fleißigen Wachstum. Allerdings kann man im ersten und oft auch im zweiten Jahr noch nicht auf Früchte hoffen.
Damit der Granatapfel ein Bäumchen bleibt und nicht verstraucht, ist es wichtig, dass man die unnötigen Triebe, die am unteren Stamm entstehen, abschneidet. Diese würden sonst dem Baum auch viel Energie rauben, die er für den Austrieb der oberen Äste benötigt.

Der Granatapfel gehört zu den laubabwerfenden Gehölzen und kann auch gut in einem dunklen und kühlen Raum überwintert werden – im Gegensatz zur Olive, die ihre Blätter über den Winter behält und wintergrün ist. Im Herbst zeigt der Granatapfel noch einmal eine wunderschöne Färbung und fügt sich hervorragend in den herbstlichen Topfgarten ein.

Wilde Triebe sollte man regelmäßig entfernen.

Die Blüten des Granatapfels sind einfach zauberhaft!

PFLANZEN

— *als Sichtschutz*

Um den liebevoll gestalteten Balkon oder die Terrasse genießen zu können, bedarf es auch etwas Privatsphäre. Man möchte hier nicht fortwährend unter der Beobachtung von Nachbarn oder Passanten auf dem Präsentierteller stehen.

Bambus sorgt für eleganten, luftigen Sichtschutz.

Statt einer Sichtschutzwand oder -plane, die häufig wenig dekorativ sind, kann man auch Pflanzen als Sichtschutz nutzen. Ob blühend oder immergrün – es gibt viele Möglichkeiten, die etwas Privatsphäre zaubern können. Für mich ist hierbei wichtig, auch im Winter ins Grüne blicken zu können. Und auch für die Bienen und Insekten soll etwas getan werden.

Sehr hübsch: die kleinen weißen Blüten des Ligusters.

Liguster in länglichen Kübeln: unsere Kübelhecke.

Meine Empfehlung für einen in Kübel gepflanzten Sichtschutz sind definitiv Koniferen, z. B. Thuja oder Scheinzypressen oder auch der Liguster. Sie sind immergrün, wachsen recht schnell und fühlen sich auch in großen Töpfen wohl.

Als wir damals über einen Sichtschutz für unseren Kübelgarten zur Straße hin nachgedacht haben, stellte sich wie so oft das Problem, dass wir keinen Platz hatten, eine Hecke herkömmlich zu pflanzen. Also kam ich auf die Idee, Kübel auf die niedrige Grenzmauer zu stellen und die Heckenpflanzen hier hinein zu setzen. Ich habe mich für **Liguster** entschieden, weil dieser immergrün und sehr robust ist. Außerdem ist er ein absoluter Bienen- und Insektenmagnet. Im Juni und Juli brummt und summt es in unserer Kübelhecke, und ab und zu entdeckt man auch eine Grille. Und von dem wunderbaren Duft wollen wir gar nicht sprechen!

Die Ligusterhecke im Kübel ist bis auf die regelmäßige Bewässerung – je wärmer das Wetter, desto häufiger – sehr pflegeleicht. Ich schneide sie meist im Spätsommer nach der Blüte. Das garantiert ein dichtes und schnelles Wachstum. Außerdem streue ich im Frühjahr und im Herbst Algenkalk in die Erde und dünge im Sommer mit Kübelpflanzendünger.

Der **Schirmbambus** (*Fargesia murielae*) eignet sich ebenfalls hervorragend als Sichtschutz im Kübel. Mit seinem sattgrünen Blättern schmückt er jeden Balkon oder Terrasse. Dank des schnellen Wuchses schützt einen Bambus in recht kurzer Zeit durch eine blickdichte grüne Barriere vor neugierigen Blicken. Die grünen Blätter behält der Bambus auch den Winter über, erst im Frühjahr wirft er einige Blätter ab. im Gegensatz zu vielen anderen Bambusarten ist der Schirmbambus für sonnige Standorte geeignet. Außerdem ist er sehr winterhart und kann ohne Schutz im Winter draußen bleiben. Zu starken, kalten Wind mag er allerdings nicht. Ansonsten ist er recht robust und bedarf kaum Pflege. Lediglich sollten hin und wieder vertrocknete Halme ausgeschnitten und trockenes Laub aus dem Kübel entfernt werden. Den bambustypischen schnellen und unterirdisch wuchernden Wuchs, den so mancher Gärtner verflucht, hält die Kübelpflanzung sehr gut in Zaum.

TIPP:
Ich empfehle, den Wurzelballen vor dem Einpflanzen zu wässern und den Bambus am besten triefend nass einzusetzen. Außerdem möchte er immer etwas feucht gehalten werden, aber Staunässe vermeiden!

PFLANZEN IM KÜBEL FÜR SICHTSCHUTZ

PFLANZE	STANDORT	WUCHS	WASSERBEDARF	WINTERHART	BLÜTEZEIT	SCHNITT	BESONDERHEITEN
CHINASCHILF *Miscanthus sinensis*	sonnig bis halbschattig	straff, aufrecht	hoch bis sehr hoch	ja	IX–X	I–III; vor dem ersten Austrieb bodennah zurückschneiden	
FEUERDORN *Pyracantha*	sonnig bis halbschattig	straff, aufrecht	mittel	ja	V–VI	VII–VIII; nach der Blüte	Stacheln
GLANZMISPEL *Photinia*	sonnig bis halbschattig, geschützt	breitbuschig bis locker aufrecht	mittel	ja	V–VI	Ende VI bis Mitte VIII	Vögel lieben die Beeren!
HAINBUCHE *Carpinus betulus*	sonnig bis schattig	kleiner Baum	mittel, darf nicht austrocknen	ja	IV–VI	Ende Februar vor der Brut-Schonzeit oder in VI um den Johannistag	
KIRSCHLORBEER *Prunus laurocerasus*	sonnig bis halbschattig	abhängig vom Standort	gering	ja	V–VI	radikaler Rückschnitt X bis Ende II	
SCHEINZYPRESSE *Chamaecyparis lawsonia*	sonnig bis schattig	aufrecht	mittel	ja	–	Ende VIII bis Anfang IX, um sie in gerade Form zu bringen	immergrün; stahlblaue bis graugrüne Nadeln; windbeständig
SCHIRMBAMBUS *Fargesia murielae*	sonnig bis halbschattig	buschig	mittel bis hoch	ja	–	X; leichten Formschnitt vornehmen	keine Ausläufer!
THUJA *Thuja occidentalis*	sonnig bis halbschattig	schmal, säulenförmig	mittel	ja	IV–V	hier bieten sich drei Schnitte pro Jahr an: IV, VIII, X	manche Züchtungen haben bis zu 15 cm große Blüten

SOMMER

— *üppige Blütenpracht im Topfgarten*

GARTENZIMMER ZWISCHEN TÖPFEN UND KÜBELN

Der Sommer ist die Topfgartenzeit! Jetzt verbringt man die meiste Zeit im Freien und genießt es, auf Terrasse und Balkon zu entspannen. Das gelingt natürlich am besten, wenn es um einen herum grünt und sprießt.

Im Sommer wird bei uns der Außenbereich zu einem zweiten Wohnzimmer, sozusagen zu einem Gartenzimmer. Die meisten Pflanzen in den Töpfen und Kübeln blühen jetzt wunderschön und schaffen zusammen mit Liegestuhl & Co. eine Stimmung wie im Urlaub! Grüne und blühende Pflanzen holen die Natur direkt ans Haus, und man kann bei einer Tasse Kaffee umherschwirrende Bienen und Schmetterlinge beobachten. Für mich ist dieses Summen und Brummen und das geschäftige Treiben um meine aufgestellten Wasserschalen herum immer wieder ein spannendes Schauspiel.
Einige Pflanzen sorgen auch für Sichtschutz zu den Nachbarn hin, sodass wir hier ungestört sitzen und unseren kleinen Teil der Natur genießen können.

Die vielen weißen Blüten des Chinesischen Blumenhartriegels.

— „Lasst uns etwas für die Bienen tun, denn wir brauchen sie so dringend!“

HORTENSIEN

Im Sommer sind die duftig blühenden Hortensien ein weiteres Highlight für mich. Die wunderbaren Ziersträucher bestechen durch ihre Blühfreude und die vielen verschiedenen Züchtungen, die angeboten werden. Ob von der einfachen Bauernhortensie bis zur Girlandenhortensie, von Weiß zu Violett und Blau – sie sehen einfach wunderschön aus, und für jeden Geschmack und Standort ist etwas dabei. Als wir geheiratet haben, stand alles im Zeichen der Hortensie – von der Tischdeko bis hin zum Brautstrauß, und sie ist bis heute ein wichtiger Bestandteil in meinem Kübelgarten. Man unterscheidet Bauernhortensie (*Hydrangea macrophylla*), Eichenblättrige Hortensie (*Hydrangea quercifolia*), Kletterhortensie (*Hydrangea petiolaris*), Rispenhortensie (*Hydrangea paniculata*) und Tellerhortensie (*Hydrangea serrata*). Außerdem gibt es viele neue Züchtungen, wie die Girlandenhortensie (eigentlich eine Bauernhortensie) und viele, viele mehr!

Lässt man die Blütenstände der Rispenhortensie im Winter stehen, bieten sie Unterschlupf für Insekten.

HORTENSIEN IM WINTER

Hortensien sind meist sehr winterhart und können hervorragend im Kübel auf Balkon und Terrasse überwintern. Ich decke die Erde im Kübel meist mit einer Kokosmatte oder Tannenästen ab – dann kann der Winter kommen.
Doch obwohl ich das weiß, bange ich jedes Jahr, ob meine Hortensien es schaffen werden, denn sie sehen manchmal im zeitigen Frühjahr sehr kläglich aus. In der Tat wenden sich auch viele meiner Instagram-Follower mit Fotos ihrer Hortensien an mich und fragen, ob es richtig ist, dass sie vertrocknet wirken. Doch keine Sorge: Nach dem Rückschnitt im Frühjahr wachsen sie wieder und entfalten dann ab Anfang / Mitte Juni ihre ganze Pracht.

Die **Bauernhortensie** – hier in einem kräftigen Pink – besticht durch ihre üppigen, großen Blüten. Sie bevorzugt halbschattige bis schattige Lagen. Oft werde ich auf Instagram gefragt, welche Pflanzen sich gut für eine schattige Terrasse oder einen überdachten Hauseingang eignen – hier sind Bauernhortensien ganz klar meine Empfehlung. Bauernhortensien können zwar im Garten oder in einem sehr großen Topf bis zu zwei Meter Höhe erreichen und dementsprechend breit werden, aber sie passen sich im Wachstum auch kleineren Töpfen an.
Im Herbst wirft die Bauernhortensie ihr Laub ab, aber die Blütenstände bleiben über den Winter an der Pflanze. Das sieht besonders mit Rauhreif sehr schön aus!

Bauernhortensien sind wahre „Wasserschlürfer". Bei etwas sonnigeren Lagen muss man sie im Sommer teilweise sogar zweimal am Tag gießen. Auch auf Sonnenbrand sollte man achten und den Kübel gegebenenfalls umstellen.

Die meist rosa, pink oder blau blühende Bauernhortensie ist wohl am häufigsten anzutreffen.

Hortensien sind generell dankbar, wenn man sie hin und wieder düngt. Blaue Bauernhortensien sind hier ein Sonderfall, denn sie brauchen einen Alaun-Dünger, um ihre blaue Färbung zu erhalten. Wie bei fast allen Pflanzen sollte man auch bei Hortensien im Herbst das Düngen einstellen. Im Frühjahr schneidet man die Bauernhortensie dann zurück, und zwar nur die verwelkten Blüten und verdorrte Zweige, denn diese Hortensien blühen am einjährigen Holz.

TIPP:
Wenn man sich nicht sicher ist, ob ein Zweig abgestorben ist, empfehle ich den „Fingernagel-Check“: Kurz mit dem Nagel an der Rinde kratzen, und wenn Grün zum Vorschein kommt, lebt der Zweig noch!

Steckbrief

BAUERNHORTENSIE
HYDRANGEA MACROPHYLLA

STANDORT: schattig bis halbschattig
WASSERBEDARF: sehr hoch
WINTERHART: ja
PFLEGEAUFWAND: gering
LEBENSDAUER: mehrjährig
BLÜHZEIT: VI–X
WUCHSFORM: buschig, bis zu 2 m hoch
BESONDERHEITEN: blaue Hortensien mit speziellem Alaun-Dünger düngen, sonst werden sie rosa
BEIM SCHNITT: Achtung, Blüte am einjährigen Holz

Zum Herbst hin bekommen die Blüten ihr rostrote Herbstfärbung.

Die **Rispenhortensie** begeistert mit üppigen, kegelförmigen Blütenrispen. Sie gilt als die robuste Schwester der Bauernhortensie und ist deshalb so beliebt, weil sie besser mit Frost und Trockenheit zurechtkommt. Auch ist die Rispenhortensie nicht ganz so kalkempfindlich. Rispenhortensien bevorzugen einen eher sonnigen bis halbschattigen und vor allem windgeschützten Standort.
Die Rispenhortensien blühen am neuen Holz. Daher schneide ich sie meist Ende Februar relativ radikal zurück, damit sie zur Bildung von langen und großen Blütenrispen angeregt werden. Je nach Größe, die die Hortensie erreichen soll, lässt man eventuell vom vorjährigen Blütentrieb ein bis zwei Augenpaare stehen.
Eine meiner absoluten Lieblinge unter den Rispenhortensien ist die 'Switch'. Ihr Name ist Programm, denn sie ändert über das Jahr hinweg komplett ihre Farbe. Beginnend ab Juni startet sie mit einem leichten Limettengelb, wechselt im Juli zu reinem Weiß, bevor sie dann ab August in einem wunderschönen Rostrot strahlt. Diese Sorte blüht übrigens im Jahr fast 150 Tage lang!

Steckbrief

RISPENHORTENSIE 'SWITCH'

HYDRANGEA PANICULATA

STANDORT: sonnig bis halbschattig
WASSERBEDARF: mittel bis hoch
WINTERHART: ja
PFLEGEAUFWAND: gering
LEBENSDAUER: mehrjährig
BLÜHZEIT: Anfang VI bis IX/X
WUCHSFORM: buschig, ca. 70–100 cm
BESONDERHEITEN: bienen- und schmetterlingsfreundlich

TIPP:
Sehr große Hortensienblüten können auch sehr schwer werden. Damit sie nicht abbrechen, sollte man sie mit Staudenstützen festigen. Das ist besonders bei Regen wichtig, weil dieser das Gewicht der Blüten noch erhöht. Bei meinen großen Rispenhortensien stelle ich tatsächlich bei Starkregen alte Sonnenschirme auf.

Rispenhortensien begeistern mit ihrer üppigen Blütenpracht.

Kletterhortensien wirken elegant und wachsen platzsparend in die Höhe.

Steckbrief

KLETTERHORTENSIE

HYDRANGEA PETIOLARIS

STANDORT: sonnig bis schattig
WASSERBEDARF: mittel bis hoch
WINTERHART: ja
PFLEGEAUFWAND: gering
LEBENSDAUER: mehrjährig
BLÜHZEIT: VI–VII
WUCHSFORM: anlehnend, haftend, im Topf ca. 1,5 m
BESONDERHEITEN: Nektar und Pollenpflanze, besonders bienen- und schmetterlingsfreundlich

Meine erste Hortensie hier im Topfgarten war meine **Kletterhortensie.** Ich bekam sie im Mai 2018, und seither ist sie prächtig gewachsen! Wie ihr Name schon verrät, klettert die Kletterhortensie am liebsten an Mauern, Pergolen, Zäunen und Fassaden empor. Im Erdboden eingepflanzt kann sie bis zu 15 Meter hoch werden, im Kübel erreicht sie diese Höhe natürlich nicht ganz. Wie Efeu hat sie Haftwurzeln, daher sollte man ein Rankgitter verwenden, das die Pflanze auf Abstand von der Wand hält, denn sonst lassen sich die Wurzeln nur sehr schlecht wieder lösen. Wie auch die Rispenhortensie ist die Kletterhortensie sehr winterhart und extrem pflegeleicht. So ist z. B. eigentlich kein Schnitt notwendig. Wenn man sie dennoch zurechtschneiden will, empfehle ich dafür Februar und März. Diese Hortensien bereiten mir sehr viel Freude, und hätte ich mehr Plätze zum Klettern, dann hätte ich auch mehr Kletterhortensien!

Ein weiteres, recht neues Hortensien-Highlight für jeden Balkon und jede Terrasse ist die **Girlandenhortensie 'Runaway Bride'**. Ihren Namen verdankt sie der Tatsache, dass sie entlang der ganzen Länge der Zweige blüht, sodass es aussieht, als sei die Pflanze mit Blütengirlanden behängt. Ihr Wuchs ist üppig und ausladend, daher ist sie sogar für Blumenampeln geeignet.
Die Blüten öffnen sich in einem zarten Hellgrün und gehen dann in ein Reinweiß über, teilweise mit einem Hauch von Rosa. Im Herbst, bevor die Blätter fallen, zeigt ihr Kleid schließlich ein leuchtendes Orange.
Ich finde, die langen Triebe sehen romantisch-verspielt aus und lasse sie wachsen. Wer es aber kompakter haben möchte, sollte die neuen Langtriebe im Hochsommer zurückschneiden – allerdings muss man wissen, dass die Hortensie dann auch ihre Blütenfülle verliert.
Auch die 'Runaway Bride' ist absolut winterhart und darf genau wie alle ihre Kolleginnen mit einem leichten Mäntelchen überwintern.
Die 'Runaway Bride' ist einfach einzigartig unter den Hortensien. Sie wurde sogar mehrfach ausgezeichnet, unter anderem als Pflanze des Jahres 2018 auf der renommierten Chelsea Flower Show – diese Auszeichnung kommt in etwa dem „Oscar" gleich.
Auf Instagram werde ich am meisten nach dieser Hortensie gefragt.

Steckbrief

GIRLANDENHORTENSIE 'RUNAWAY BRIDE®'
HYDRANGEA MACROPHYLLA

STANDORT: halbschattig
WASSERBEDARF: mittel bis hoch
WINTERHART: ja
PFLEGEAUFWAND: gering
LEBENSDAUER: mehrjährig
BLÜHZEIT: VI–X
WUCHSFORM: buschig mit girlandenartigen Ausläufern, bis ca. 60 cm hoch
BESONDERHEITEN: auch für Blumenampeln geeignet

Die Girlandenhortensie ist eine romantisch anmutende Erscheinung.

OBST
— *im Topfgarten*

Ein absolutes Highlight für Groß und Klein im Topfgarten ist Obst. So habe ich unseren Sohn schon früh in das Pflegen unseres „Topf-Obstes" eingebunden, denn es macht wirklich sehr viel Freude, die Früchte reifen zu sehen, zu ernten und zu essen!

Aber nicht nur Kinder lieben es zu naschen, auch ich gehe gerne durch meinen Topfgarten und pflücke einmal hier eine Erdbeere, da eine Felsenbirne ... Außerdem finde ich es einfach schön zu beobachten, wie sich aus einer kleinen Blüte eine Knospe und dann eine Frucht entwickelt – ein wunderbares Naturschauspiel. Obst lässt sich hervorragend in Kübeln ziehen, und es gibt mittlerweile so viele Sorten, sowohl einjährige als auch mehrjährige, dass jeder das passende Obst findet und auch wunderbar kombinieren kann.

Für Obst im Kübel genügt meist normale Kübelerde. Die Pflanzen sind für eine gelegentliche Gabe von Obstdünger dankbar, besonders vor der Blüte und wenn sie gerade Früchte ausbilden.

Steckbrief

SÄULENAPFEL 'SONATE'

MALUS DOMESTICA

STANDORT: sonnig bis halbschattig
WASSERBEDARF: mittel
WINTERHART: ja
PFLEGEAUFWAND: gering
LEBENSDAUER: mehrjährig
BLÜHZEIT: IV–V
ERNTE: ab IX
WUCHSFORM: säulenförmig
BESONDERHEITEN: Rückschnitt gleich nach der Ernte; sehr krankheitsresistent; Selbstbefruchter

Säulenobst fühlt sich am rechten Platz auch auf kleinen Balkonen wohl.

Säulenobst ist auch ideal für kleine Gärten oder eben für den Topfgarten. Die Züchtungen bleiben recht klein und wachsen vor allem schmal und säulenförmig in die Höhe. Sie haben also nur einen geringen Platzbedarf.

WICHTIG:

Für meinen Topfgarten suche ich bevorzugt selbstbefruchtende Obstpflanzen aus. Sie brauchen keinen Partner, um Früchte zu entwickeln, wobei die Fremdbestäubung allerdings den Ertrag erhöht.

Ich habe seit Jahren einen **Säulenapfelbaum** 'Sonate' auf dem Balkon. Er liefert nicht nur leckere Früchte, sondern erfreut auch das Auge mit rosa-weißen Blüten und Äpfeln mit grüngelber bis roter Schale. Ein Ausdünnen der Früchte führt bei dem Säulenapfel und der Säulenbirne zu reicheren Ernteerträgen.

TIPP:
Droht während der Blüte von Topf-Obstpflanzen ein Frosteinbruch, unbedingt die Pflanze mit Vlies abdecken. Denn erfrieren die Blüten, gibt es auch keine Ernte! Auch bei Hagel oder Starkregen sollte man die Blüten schützen.

Erdbeeren sind nicht nur toll zum Naschen, ihre Blüten und Früchte sind auch sehr hübsch.

Ein fester Bestandteil unseres Topfgartens sind jedes Jahr die **Erdbeeren**. Sie sind nicht nur als Naschobst sehr lecker, im Balkonkasten, in der Hängeampel oder im Topf mit ihren hübschen Blüten und leuchtenden Früchten wirken sie auch äußerst dekorativ. Außerdem sind sie sehr genügsam und fast ein „Selbstläufer". Nur regelmäßig gießen muss man und regelmäßig verdorrte Blätter abzupfen. Eisenmangel sollte man jedoch vorbeugen, z. B. mit einem speziellen Eisendünger.
Wir haben uns für die Erdbeere 'Ostara' entschieden. Dabei handelt es sich um eine Monatserdbeere, die im Gegensatz zur einmal tragenden Erdbeere den ganzen Sommer über Früchte bildet.

Steckbrief

MONATSERDBEERE 'OSTARA'

FRAGARIA VESCA

STANDORT: sonnig bis halbschattig
WASSERBEDARF: mittel bis hoch
WINTERHART: ja
PFLEGEAUFWAND: gering
LEBENSDAUER: mehrjährig
BLÜHZEIT: V–IX
ERNTE: VI–IX
WUCHSFORM: niedrig, buschig
BESONDERHEITEN: mittelgroße, sehr süße Früchte; Selbstbefruchter

FÜR DEN TOPFGARTEN GEEIGNETE OBSTPFLANZEN:

- Säulenobst
- Zwergfeigen
- Granatapfel (großer Kübel)
- Beeren jeglicher Art
- alle BrazelBerry® Sorten als Beeren, da kleiner, kompakter Wuchs
- Zitrusbäumchen
- Wein
- Pfirsiche (besonders Zwerg-Züchtungen)
- Kiwis (mit Rankhilfe)

Auch **Beerensträucher** – mit Ausnahme der sehr stacheligen und schwer in Zaum zu haltenden Brombeere – sind eine gute Wahl für den Topfgarten. Sie brauchen nicht viel Platz und laden ganz besonders zum Naschen ein. Himbeere, Johannisbeere, Blaubeere und viele mehr – sie alle bezaubern mit ihren Früchten, die gleichzeitig einen Farbtupfer in den Topfgarten bringen. Zum Teil zeigen sie auch wie die Blaubeere eine sehr schöne Herbstfärbung.

Als ich die **Felsenbirne** mit ihren vielen roten Beeren vor Jahren im Juli zum ersten Mal in einer Baumschule sah, war es sofort um mich geschehen. Welch wunderschönes Gewächs und welch ein köstlicher Geschmack der Beeren! Die Früchte sind enorm reich an Vitaminen und Mineralstoffen.
Manchmal wird die Felsenbirne umgangssprachlich auch „Korinthenbaum" genannt, da ihre Früchte früher oft als Ersatz für die kleinen Trockenfrüchte dienten.
Zusätzlich zu ihrer zart-weißen Blüte im Frühjahr und den Beeren, die Vögel gern als Futter annehmen, erfreut die Kupfer-Felsenbirne im Herbst durch eine sehr dekorative Laubfärbung, bevor sie dann ihre Blätter abwirft.
Insgesamt ist die Felsenbirne relativ robust und pflegeleicht. Man sollte nur darauf achten, sie nicht in der Nähe eines Apfelbaums zu platzieren, da beide sich gegenseitig mit Pilzkrankheiten anstecken können.

Die Felsenbirne ist als Obst recht unbekannt, aber die Früchte sind köstlich und sehr gesund!

Steckbrief

KUPFER-FELSENBIRNE
AMELANCHIER LAMARCKII

STANDORT: sonnig bis halbschattig
WASSERBEDARF: mittel
WINTERHART: ja
PFLEGEAUFWAND: gering
LEBENSDAUER: mehrjährig
BLÜHZEIT: IV–V
ERNTE: ab VI
WUCHSFORM: kleiner Baum
BESONDERHEITEN: leuchtend orangerote Herbstfärbung; Futterpflanze für Vögel

Seit ich mich mit dem Garten bzw. Topfgarten beschäftige, war eine winterharte Feige ein sehnlicher Wunsch von mir. Die winterharte **Zwergfeige** 'Gustis® Ficcolino' passt mit ihrem kompakten Wuchs hervorragend zum begrenzten Raumangebot auf Terrasse und Balkon.
Die Früchte sind zuckersüß und haben auch in reifem Zustand eine gelbgrüne Farbe. Die Schale ist eher dünn und kann daher sehr gut mitgegessen werden.
Meine Ficcolino-Zwergfeige ist eine sogenannte Twotimer®-Feige, was bedeutet, dass zweimal im Jahr, im Sommer und im Herbst, geerntet werden kann. Für diese rasche Fruchtfolge braucht die Pflanze einen Standort in voller Sonne.
Aufgrund des kompakten Wuchses muss man diese Feige erst nach drei bis vier Jahren zurückschneiden. Je nachdem, wie die Feige gewachsen ist, können ein bis drei dickere Haupttriebe auf ca. 20 cm zurückgeschnitten werden – dadurch wird ein frischer Austrieb gefördert, und die Pflanze bleibt vital. Geschnitten werden alle Sorten immer im Februar bis März.

Feigenbäumchen erfreuen sich immer größerer Beliebtheit, auch auf Balkon und Terrasse.

Steckbrief

ZWERGFEIGE 'GUSTIS® FICCOLINO'

FICUS CARICA

STANDORT: vollsonnig und warm
WASSERBEDARF: im Sommer sehr hoch
WINTERHART: ja
PFLEGEAUFWAND: mittel bis gering
LEBENSDAUER: mehrjährig
BLÜHZEIT: Mai/Juni; eher unscheinbar
ERNTE: Mitte/Ende VI und Anfang/Mitte IX
WUCHSFORM: buschig/kompakt
BESONDERHEITEN: zwei Ernten im Jahr; reife Früchte grüngelb

TIPP:

Bei allen Kübelpflanzen gilt: An sehr heißen Tagen gegebenenfalls täglich gießen. Vor allem bei Obstpflanzen sollte man das beherzigen, besonders, wenn gerade Früchte reifen. Und im Winter das Gießen an frostfreien Tagen nicht vergessen!

ZITRUSPFLANZEN

Ein absolutes Highlight im Topfgarten sind auch Zitruspflanzen. Ob **Zitronen** oder Calamondin – sie zaubern mit ihrem wunderbaren Duft den ganzen Sommer über einfach ein absolut mediterranes Flair in jeden Garten und auf jeden Balkon. Aber gleich zu Anfang sei darauf hingewiesen, dass sie nicht winterhart sind und im Haus überwintert werden müssen. Man benötigt also auf alle Fälle ein geeignetes, helles und kühles Winterquartier für sie.

Zitrusbäumchen sind der Klassiker unter den Kübelpflanzen.

Die mediterranen Stämmchen benötigen einen sonnigen und windgeschützten Standort. Das Gießen ist hier besonders wichtig, denn durch die Topfhaltung und das Ausbilden der Früchte benötigen sie im Sommer definitiv fast täglich Wasser. Kalkfreies Wasser mögen sie sehr.
Ab Mai, wenn die Bäumchen ausgewintert werden, dünge ich sie regelmäßig etwa alle ein bis zwei Wochen mit Flüssigdünger für mediterrane Pflanzen. Einen Nährstoffmangel (vor allem an Eisen) erkennt man z. B. sehr gut an den hellgelben Blättern. Vor allem nach dem Winter sehen sie eher matt und farblos aus.
Als Erde kann man entweder normale Topfpflanzenerde oder aber spezielle Zitruserde verwenden, die einen höheren Eisengehalt hat. Allerdings ist hier eine Drainage sehr wichtig, damit keine Staunässe entsteht. Hierfür gibt man z. B. eine Lage Blähton unten in den Topf.

ZITRUSPFLANZEN ÜBERWINTERN

Über den Winter stehen Zitruspflanzen am liebsten hell und kühl. Dazu eignet sich z. B. ein helles, ungeheiztes Treppenhaus. Der Raum darf nicht zu warm sein, denn sonst drohen sofort Läuse. Das habe ich selbst schon erlebt, und der Baum war einfach nicht mehr zu retten. Daher beim Überwintern unbedingt auf Temperatur und Helligkeit achten.

TIPP:
Zitruspflanzen neigen leider zu Schädlingsbefall, besonders Schild- und Wollläuse sind hier zu nennen. Mit meiner natürlichen Schutzfunktion habe ich jedoch sehr gute Erfahrung gemacht: Ich pflanze einfach Lavendel mit zu den mediterranen Stämmchen – und ich kann nur sagen: Es funktioniert wunderbar!

Auch im Winter müssen Zitruspflanzen regelmäßig gegossen werden. Besonders, wenn sie an einem Ort stehen, wo man sie nicht ständig sieht, besteht das Risiko, dass man das Gießen vergisst. Daher trage ich in den Kalender meines Handys einen Termin dafür ein, sodass ich ein bis zweimal die Woche an das Gießen erinnert werde.

Bei Instagram wird mir häufig die Frage gestellt, ob man die Zitronen, die am Bäumchen wachsen, essen kann. Selbstverständlich kann man das, allerdings dauert es etwas, und die Pflanzen benötigen wirklich sehr viel Sonne, damit die Früchte reifen können.
Im Sommer verwende ich die Zitronen von meinen Stämmchen gerne für Limonade: einfach Zitronen pressen, etwas kaltes Leitungswasser dazu und mit Ginger Ale aufgießen. Mit ein paar Minzblättern und Eiswürfeln ergibt das eine köstliche Limonade!

Steckbrief

ZITRONE

CITRUS LIMON

STANDORT: sonnig, windgeschützt
WASSERBEDARF: mittel, im Sommer jeden 2. Tag, Winter 1–2× pro Woche
WINTERHART: nein
PFLEGEAUFWAND: mittel
LEBENSDAUER: mehrjährig
BLÜHZEIT: ganzjährig
WUCHSFORM: Stämmchen
BESONDERHEITEN: atemberaubender Duft

Sind sie endlich reif, lässt sich aus den Zitronen leckere Limonade machen.

Mit dieser kleinen Mandarinensorte kann man sich im Topfgarten wie in Italien fühlen.

Die **Calamondin** ist genauso zu handhaben wie die Zitrone. Ihr eindeutiger Vorteil ist aber, dass sie mehr Früchte ausbildet und dadurch als Farbtupfer auf der Terrasse absolut großartig wirkt. Die Früchte sehen aus wie kleine Mandarinen, sind allerdings sehr sauer und erinnern im Geschmack etwas an Kumquats. Daher ist sie zwar definitiv eine Gartenschönheit, aber zum Verzehr nicht wirklich geeignet.

Steckbrief

CALAMONDIN

CITRUS MADURENSIS

STANDORT: sonnig

WASSERBEDARF: mittel, im Sommer jeden 2. Tag, Winter 1–2× pro Woche

WINTERHART: nein

PFLEGEAUFWAND: mittel

LEBENSDAUER: mehrjährig

BLÜHZEIT: ganzjährig

WUCHSFORM: Stämmchen

Sorry
I have PLANTS
this weekend

GEMÜSE
— *im Topfgarten*

Auch Gemüse kann man hervorragend im Topfgarten anbauen, wenn man auf den passenden Standort und auch die Sorten achtet. Bei Gemüse, das normalerweise einen sehr ausladenden Wuchs hat, wie z. B. Zucchini, gibt es mittlerweile Mini-Sorten mit kleinerem Wuchs und Früchten in Snack-Größe.

Es macht nicht nur einfach Freude, mit Gemüse aus kleinem, aber eigenen Anbau zu kochen oder im Vorbeigehen eine kleine Gurke zu naschen, die meisten Pflanzen blühen auch wunderschön! Hier nenne ich die Gemüsearten, die in meinem Topfgarten gut gedeihen und die ich auch im nächsten Jahr wieder pflanzen werde.

Tomaten sind wohl der Klassiker beim Gemüseanbau im eigenen Garten. Für den Topfgarten empfehle ich kleinere Sorten, z. B. Cocktail- oder Kirschtomate. Außerdem sind Stabtomaten, deren langer Haupttrieb an einem Stab schmal in die Höhe wächst, und sogenannte Busch- oder Balkontomaten mit buschigem, aber recht niedrigem Wuchs für die Kultur im Topf geeignet.
Man kann Tomaten selbst aussäen und heranziehen, oder man macht es wie ich und kauft die Pflanzen in der Gärtnerei. Je nach Region dürfen die roten Freunde dann ab Ende April / Anfang Mai ins Freie gepflanzt werden. Bitte auf Spätfrost achten und die Pflanzen dann mit einem Vlies abdecken.

Vor allem kleinbleibende Tomatensorten machen sich gut im Topfgarten.

TIPP:
Bei einigen Tomatensorten sollte man regelmäßig „ausgeizen" (siehe Sortenetikett), um die Fruchtbildung zu fördern. Dabei entfernt man die Geiztriebe in den Blattachseln, indem man sie z. B. mit den Fingernägeln abknipst.

Um Kraut- und Braunfäule zu vermeiden, sollten die Tomaten ausschließlich unten und nicht über die Blätter gegossen werden. Außerdem kann man bei kräftigeren Pflanzen die unteren Blätter entfernen.
Tomaten sind sogenannte Starkzehrer, haben also einen hohen Nährstoffbedarf. Daher sollte man etwa alle zwei Wochen Tomatendünger verabreichen.

Steckbrief

PFLAUMENTOMATE 'PICK-A-TOM®'

SOLANUM LYCOPERSICUM

STANDORT: sonnig
WASSERBEDARF: hoch
WINTERHART: nein
PFLEGEAUFWAND: mittel
LEBENSDAUER: einjährig
BLÜHZEIT: ab V
ERNTE: VI–VIII
WUCHSFORM: niedrig, buschig
BESONDERHEITEN: Rankhilfe erforderlich; Nachtschattengewächs

GUTE NACHBARN, SCHLECHTE NACHBARN:
Wenn man Radieschen, Möhren, Kohl oder Spinat im Topf anpflanzen möchte, empfehlen sich Tomaten als Nachbarn. Sie halten Schädlinge sehr gut von anderen Gemüsesorten fern.
Vorsicht aber bei Kartoffeln: Sie können die gefürchtete Kartoffelkrankheit Braunfäule, ein Pilzerreger, auf die Tomaten übertragen.

Die kleine Zitronengurke rankt auch gern als Deko über den Tisch.

Auch **Gurken** gehören in einen kleinen Gemüsetopfgarten; und auch hier pflanze ich am liebsten kleine Varianten, z. B. die Mini-Schlangengurke Gambit®. Sie ist sehr robust und bekommt äußerst knackige, kernlose Früchte mit einem besonders aromatischen Geschmack.
Wie die Tomate sind Gurken nicht frostresistent, können aber ebenfalls je nach Region mit geeignetem Schutz Ende April / Anfang Mai ins Freie gepflanzt werden.
Besonders angetan hat es mir die Zitronengurke mit ihrem „gurkigen", aber auch leicht süßlich-säuerlichen Geschmack. Sie stammt aus den USA und wird dort auch „Lemon Apple" genannt. Man kann auch sofort erkennen, dass sie zu den Kürbisgewächsen gehört. Sie möchte wie alle Gurken viel gegossen werden.
Ich kultiviere die Zitronengurke übrigens „kriechend", verwende also keine Rankhilfe, weil ich diesen Wuchs schöner finde. Eine Rankhilfe stabilisiert die Pflanze aber und schützt sie z. B. vor Windbruch.

Steckbrief

ZITRONENGURKE 'LEMON'

CUCUMIS SATIVUS

STANDORT: sonnig bis halbschattig
WASSERBEDARF: sehr hoch
WINTERHART: nein
PFLEGEAUFWAND: mittel
LEBENSDAUER: einjährig
BLÜHZEIT: VI–VIII
ERNTE: VII–IX
WUCHSFORM: kriechend bis kletternd
BESONDERHEITEN: evtl. Rankhilfe

TIPP:
Bei der ersten Spur von Mehltau (siehe S. 131) die befallenen Blätter entfernen.

Etwas ganz Besonders ist die lilafarbene Auberginenblüte.

Bevor die Früchte reif sind, freuen wir uns schon über die große, gelbe Zucchini-Blüte.

Dankbare Pflanzen für die Topfkultur sind auch **Zucchini** und **Aubergine**. Die kleinen Sorten, die sich für den Anbau im Topf anbieten, haben im Prinzip dieselben Bedürfnisse wie die Großen.

Steckbrief

MINI-AUBERGINE

SOLANUM MELONGENA

STANDORT: sonnig
WASSERBEDARF: hoch
WINTERHART: nein
PFLEGEAUFWAND: mittel
LEBENSDAUER: einjährig
BLÜHZEIT: VI
ERNTE: VII–IX
WUCHSFORM: buschig, aufrecht
BESONDERHEITEN: wunderschöne Blütenfarbe

Steckbrief

MINI-ZUCCHINI 'EIGHT BALL'

CUCURBITA PEPO SUBSP. *PEPO* CONVAR. *GIROMONTIINA*

STANDORT: sonnig
WASSERBEDARF: hoch
WINTERHART: nein
PFLEGEAUFWAND: gering
LEBENSDAUER: einjährig
BLÜHZEIT: V–VII
ERNTE: VII–VIII
WUCHSFORM: buschig, aufrecht
BESONDERHEITEN: abstützen

TIPP:
Ich stütze meine Auberginen und Zucchini mit einem kleinen Bambusstab ab. So können sie das Gewicht der Früchte besser tragen und knicken im Wind nicht ab.

UNGEWÖHNLICH: ARTISCHOCKE

Hierauf bin ich besonders stolz, denn diese Artischockenpflanzen habe ich selbst aufgezogen, und wie man sieht, sind sie tatsächlich etwas geworden. Artischocken kennen wir zwar als Gemüse, aber eigentlich gehören sie zu den Distelgewächsen und sind sogar mehrjährig.
Für den Topfgarten ist sie eine ungewöhnliche Wahl und zieht alle Augen auf sich, denn ihre wunderschöne Blüte hat eine beeindruckende Größe. Das leuchtende Blau-Lila ist einfach umwerfend, und es ist sehr unterhaltsam, die vielen Bienen und Hummeln zu sehen, die von ihr angezogen werden.
Die Artischocke stammt aus dem Mittelmeerraum und bevorzugt daher einen warmen Standort. Gedüngt wird sie am liebsten mit Stallmist, aber bei meinen Pflanzen funktioniert Gemüsedünger auch ganz wunderbar. Außerdem braucht sie viel Wasser und sollte nie vollständig austrocknen.
Eine Besonderheit der Artischocke ist, dass man im ersten Jahr die Früchte erst im September ernten kann. Im darauffolgenden Jahr kann man sich darauf bereits im Juni oder Juli freuen. Allerdings hatte ich im ersten Jahr doch schon im Juli Glück. Es läuft eben nicht immer alles nach Plan – der Garten ist ein tägliches und jährliches Wunder, das sich bei jedem anders offenbart!

TIPP:
Bei der Ernte darauf achten, dass die Knospen noch fest geschlossen sind und die Blätter keine braunen Spitzen haben.

Selbst diese frostempfindliche Pflanze kann bei uns im Freien überwintert werden, allerdings nur mit einem ausreichenden Winterschutz. Zunächst werden ab Oktober die Blätter und Blütentriebe ein paar Zentimeter über dem Boden abgeschnitten. Dann packt man die Pflanze im Kübel mit Luftpolsterfolie und einem Jutesack ein und deckt die Erde mit einer Kokosmatte oder Tannenzweigen ab. Die Pflanze muss vor allem von oben sehr gut geschützt werden!
Ab Mitte April können die Artischocken wieder ausgepackt werden.

Steckbrief

ARTISCHOCKE
CYNARA SCOLYMUS

STANDORT: sonnig, windgeschützt
WASSERBEDARF: hoch
WINTERHART: nein
PFLEGEAUFWAND: gering
LEBENSDAUER: mehrjährig
BLÜHZEIT: VI–VII
WUCHSFORM: ausladend
BESONDERHEITEN: Tiefwurzler, daher einen mindestens 30–40 cm hohen Topf wählen

Die imposanten Blüten der Artischocke leuchten in intensivem Blau-Violett.

PFLANZEN
— *mit wenig Wasserbedarf*

Aufgrund der Klimaerwärmung und damit einhergehenden Wasserknappheit auch hier bei uns in Deutschland muss langsam, aber sicher in unseren Gärten umgedacht werden, auch bei Kübelpflanzen.

Tatsächlich gibt es sehr viele Trockenkünstler, die blühfreudig sind und unsere Kübel schmücken. Sie sind in den allermeisten Fällen mehrjährig und bedürfen nur geringer Pflege, also sind sie auch wunderbar für Menschen mit wenig Zeit und für Topfgarten-Einsteiger geeignet.

Eine sehr trockenresistente Pflanze ist die **Echte Hauswurz** oder auch Steinrose. Früher konnte ich gar nichts mit ihr anfangen, aber mittlerweile könnte ich mir meinen kleinen Garten ohne die Hauswurz nicht mehr vorstellen – vor allem, weil sie mich nicht wirklich braucht! Sie kommt nicht nur mit Hitze und Trockenheit wunderbar zurecht, die Rosettenpflanze ist auch winterhart und behält im Winter ihre festen, dickfleischigen Blätter, über die kaum Wasser verdunstet wird. Daher muss die Hauswurz auch kaum gegossen werden. Nur direkt in die Rosetten sollte man kein Wasser geben. Dort würde es nicht ablaufen und durch die Sonneneinstrahlung evtl. zu Verbrennungen führen.

Die Hauswurz blüht sehr hübsch in Rosa.

Es gibt so viele Arten von diesem beliebten Gewächs, dass es sogar Sammlerbörsen gibt.
Zur Blütezeit von Ende Mai bis ca. August bildet sich ein Blütenstängel mit rosafarbenen, weißen, gelben oder cremefarbenen Blüten aus. Wenn die Pflanze blüht, bedeutet das allerdings, dass diese Rosette nach der Blüte abstirbt. Doch das ist nicht schlimm, denn sie hat sicher schon längst viele neue Tochterrosetten gebildet.

Die Echte Hauswurz kann wunderbar mit **Moos-Steinbrech** (*Saxifraga bryoides*, siehe Steckbrief S. 48) ergänzt werden. Beide Pflanzen haben dieselben Ansprüche und sehen in Kombination sehr dekorativ aus.
Bei beiden Pflanzen ist es wichtig, dass das Wasser sehr gut abfließen kann, Staunässe vertragen sie überhaupt nicht. Ich füge zur Drainage eine Lage Blähton ein.

Steckbrief

ECHTE HAUSWURZ

SEMPERVIVUM TECTORUM

STANDORT: sonnig bis halbschattig
WASSERBEDARF: gering
WINTERHART: ja
PFLEGEAUFWAND: sehr gering
LEBENSDAUER: mehrjährig
BLÜHZEIT: V–VIII
WUCHSFORM: je nach Sorte, meist nur wenige Zentimeter hoch
BESONDERHEITEN: sehr gute Einsteigerpflanze

Moos-Steinbrech braucht nicht viel Wasser und blüht weiß oder rosa.

TIPP:
Diese trockenheitstoleranten Pflanzen eignen sich auch sehr gut für eine Friedhofsbepflanzung. Häufig befinden sich dort die Pflanzen in voller Sonne und können nicht so oft gegossen werden. Echte Hauswurz und Co. fühlen sie sich hier sehr wohl.

WEITERE TROCKENKÜNSTLER:

— Blaukissen (*Aubrieta-Hybriden*)
— Blauraute (*Perovskia atriplicifolia*)
— Fetthenne (*Sedum*)
— Palmlilie (*Yucca filamentosa*)
— Gazanie (*Gazania rigens*)
— Ginster (*Cytisus*)
— Königskerze (*Verbascum*)
— Lavendel (*Lavandula*)
— Mädchenauge (*Coreopsis*)
— Mittagsblume (*Delosperma cooperi*)
— Portulakröschen (*Portulaca grandiflora*)
— Purpursonnenhut (*Echinacea purpurea*)
— Schafgarbe (*Achillea*)
— Wollziest (*Stachys byzantia*)

Ein weiterer Trockenliebhaber ist der **Silberblatt-Salbei** (*Salvia argentea*). Er ist eine buschig wachsende, immergrüne Staude und bezaubert mit seinen eiförmigen, silbergrauen Blättern und weißen Blüten.
Wie auch die Hauswurz und der Moos-Steinbrech kommt er mit sehr wenig Wasser aus. Dennoch ist er für sonnige Lagen hervorragend geeignet. Und Minusgrade steckt er perfekt weg.
Im Spätherbst zieht sich der Salbei ein und sollte zurückgeschnitten werden.
Wunderschön wirkt der Silberblatt-Salbei in Kombination mit Lavendel oder Gartensalbei.

Steckbrief

SILBERBLATT-SALBEI

SALVIA ARGENTEA

STANDORT: sonnig
WASSERBEDARF: gering
WINTERHART: ja
PFLEGEAUFWAND: gering
LEBENSDAUER: mehrjährig
BLÜHZEIT: VI–VII
WUCHSFORM: 70 cm hoch und ca. 60 cm breit
BESONDERHEITEN: bienen- und insektenfreundlich, Vorsicht vor Schnecken!

Verzeiht es, wenn das Gießen mal vergessen wird: Der Silberblatt-Salbei.

SCHMUCKLILIE

Wunderschön im Topf wirkt die grazile Erscheinung der Schmucklilie, auch als Agapanthus bekannt. Sie liebt die Sonne, kommt aber auch mit lichtem Schatten zurecht.

Der Name des Agapanthus setzt sich übrigens aus den griechischen Wörtern „agape" (Liebe) und „anthos" (Blüte) zusammen – daher werden sie auch oft „Liebesblumen" genannt.

Der Agapanthus ist einer meiner besonderen Lieblinge.

Der Agapanthus ist nicht winterhart – eine der wenigen nicht winterharten Pflanzen in meinem Topfgarten, die im Haus kühl und hell überwintert werden. Ich hole meine Pflanzen vor dem ersten Frost herein und stelle sie mit den Eisheiligen bzw. wenn sicher ist, dass kein Frost mehr droht, wieder ins Freie.

Im Sommer benötigt diese wunderschöne Blume sehr viel Wasser. Allerdings sollte man Staunässe unbedingt vermeiden, da die Zwiebeln schnell zu faulen beginnen können. Das ist mir leider selbst bei meinem ersten Agapanthus passiert.

Ich empfehle auch, die Pflanze ab April bis Ende August einmal im Monat mit Kübelpflanzendünger zu düngen – aber auch hier Vorsicht!!! Nicht zu viel des Guten, denn sonst entwickelt sie mehr Blätter und weniger Blüten.

Umtopfen sollte man die Schmucklilie erst, wenn der alte Topf zu eng geworden ist. Der neue Topf sollte nur geringfügig größer sein als der Wurzelballen. Sonst kann es passieren, dass die Pflanze ihre Energie verstärkt in die Bildung neuer Wurzeln investiert und weniger blüht.

Steckbrief

SCHMUCKLILIE

AGAPANTHUS

STANDORT: sonnig bis halbschattig
WASSERBEDARF: gering
WINTERHART: nein
PFLEGEAUFWAND: gering
LEBENSDAUER: mehrjährig
BLÜHZEIT: VII–VIII
WUCHSFORM: aufrecht, 30–180 cm
BESONDERHEITEN: übersteht auch längere Trockenperioden; während des Überwinterns nicht gießen!

WASSERSTELLEN
— für Vögel und Insekten

Die Topfgarten-Bewohner – seien es Vögel oder Insekten – benötigen neben Futter gerade in den heißen Sommermonaten natürlich auch Wasser. Gärten und Balkone bieten den Tieren meist nur wenige Möglichkeiten zum Trinken. Häufig gibt es dort keine Gewässer, oder bei modernen Becken-Gestaltungen können die Vögel und Insekten häufig das Wasser nicht erreichen. Daher versuche ich möglichst viele Wasserstellen anzubieten.

Schon mit einem unbenutzten Topfuntersetzer oder einem anderen flachen Gefäß kann man hier Abhilfe schaffen, und so etwas besitzen ja die meisten von uns. Je größer die Wasserstelle, desto länger bleibt das Wasser frisch. Und dekorativer ist es auch! Wir haben z. B. einen großen Steintrog mit zwei getrennten Becken. Auf der einen Seite fühlen sich Wasserpflanzen wohl, die für die Reinigung des Wassers sorgen, und auf der anderen Seite fülle ich regelmäßig frisches Wasser auf.

Sobald die Sonne wieder ihre volle Stärke erreicht hat, setze ich eine kleine Solarpumpe in das Wasser. Dadurch wird das Wasser leicht umgewälzt, was die Bildung von Mückenlarven verhindert.

Wasserstellen auf Balkon und Terrasse müssen gar nicht groß sein.

Wie bei Futterstellen sollte man auch bei Wasserstellen darauf achten, dass Katzen sie nicht erreichen können. Auf ebenerdigen Terrassen sollte man sie also möglichst erhöht platzieren oder aufhängen. Hängende Wasserschalen werden auch von Insekten sehr gern angenommen.

Im vorletzten Jahr habe ich mir im Gartencenter einen ausgehöhlten Stein gekauft. Und als unser Amselpärchen im Olivenbaum brütete, habe ich ihn erhöht auf die Balkonbrüstung gestellt, damit die Amseln nur einen kurzen Weg zum Wasser zurücklegen mussten. Sie haben diese Wasserquelle dankbar angenommen!

WICHTIG:
Das Wasser regelmäßig austauschen, damit sich hier keine Mückenlarven bilden oder Krankheitserreger ansiedeln.

FILIGRANE ERSCHEINUNG: ELFENSPIEGEL UND STERNENTÄNZERGRAS

SCHÖNE KOMBI

Ein super Team über den Sommer hinweg sind das Sternentänzergras und der Elfenspiegel. Besonders in Kombination mit einem Windlicht kommen die zarten Blätter und Blüten sehr schön zur Geltung und sind ein Highlight auf jeder Sommerterrasse.

Mit einer Kerze ist diese Kombi auch eine wunderschöne Tischdeko!

Den **Elfenspiegel**, auch als *Nemesia* bekannt, liebe ich sehr, und er darf in keinem Jahr fehlen, weil er einen wunderbaren Duft nach Vanillepudding verströmt – das weckt Kindheitserinnerungen.
Den Elfenspiegel gibt es in verschiedenen Farben: Weiß, Gelb, Orange, Blau und Rosa. Es gibt mittlerweile aber schon so viele Züchtungen, dass es eine fast unendliche Vielfalt an Farben und Varianten gibt. Leider duften hier nicht alle – daher unbedingt vorab den „Riechtest" machen.
Bei der Wässerung sollte man darauf achten, ihn immer schön feucht zu halten, da er weder Trockenheit noch zu viel Wasser mag. Wer kalkarmes Wasser verwendet, wird auf jeden Fall belohnt.
Während der Blüte sollte man verblühte Blumen abzupfen. Wenn die Blüte deutlich zurückgeht, sollte man die Pflanze kräftig zurückschneiden. Gut gedüngt mit Blühpflanzendünger kann man sich dann im September an einer zweiten Blüte erfreuen.

Steckbrief

ELFENSPIEGEL

NEMESIA

STANDORT: sonnig bis halbschattig, windgeschützt
WASSERBEDARF: mittel bis hoch
WINTERHART: nein
PFLEGEAUFWAND: gering
LEBENSDAUER: einjährig bis mehrjährig
BLÜHZEIT: VI–IX
WUCHSFORM: 20–60 cm
BESONDERHEITEN: einige Sorten duften nach Vanillepudding

Das **Sternentänzergras** hat ungefähr denselben Blütezeitraum wie der Elfenspiegel und liebt auch sonnige Standorte. Auch bei der Bewässerung haben die beiden dieselben Bedürfnisse und sind daher ein unschlagbares Team.

TIPP:
Wenn ich verblühte, aber mehrjährige Pflanzen aus einem Arrangement im Topf herausnehme, bekommen sie bis zur nächsten Blüte ein neues Zuhause an einem unauffälligeren Ort.

Steckbrief

STERNENTÄNZERGRAS

RHYNCHOSPORA

STANDORT: sonnig
WASSERBEDARF: mittel bis hoch
WINTERHART: ja, geschützt bis –15 °C
PFLEGEAUFWAND: sehr gering
LEBENSDAUER: mehrjährig
BLÜHZEIT: V–X
WUCHSFORM: bis 50 cm hoch
BESONDERHEITEN: auch für den Teichrand/Terrassenteich geeignet

HERBST

— *leuchtende Farben im Topfgarten*

ZWISCHEN SONNE UND KÄLTE

Wer denkt, dass nach dem Sommer die Topfgartenzeit zu Ende ist, irrt sich gewaltig! Der Herbst kann im Topfgarten einfach wunderbar sein, denn viele Pflanzen blühen spät oder warten mit einer leuchtenden Herbstfärbung auf. Ganz besonders liebe ich im Herbst auch meine Gräser, die sich sanft im Herbstwind wiegen.

Einer der Vorteile des Topfgartens ist, dass er sich allermeistens direkt am Haus befindet und oft auch windgeschützte Bereiche aufweist. Mit einer Jacke oder Decke ausgestattet kann man also bis in den Spätherbst hinein sitzen und das Farbenschauspiel genießen.
Und natürlich gibt es auch im Herbst im Topfgarten jede Menge zu tun. Gefallenes Laub will zusammengefegt und aus den Kübeln entfernt werden, bei einigen Pflanzen steht ein Rückschnitt an, und auch das Überwintern wird jetzt vorbereitet.

In jedem Herbst freue ich mich über die Farbenpracht meines Zierapfels.

— „Neben dem Frühling ist der Herbst meine Lieblingsjahreszeit – all diese intensiven Farben im Topfgarten!“

ZIERAPFEL

Eine meiner allerersten Pflanzen im Topf war ein Zierapfel. Damals wohnten wir noch in der Stadtmitte und hatten einen Balkon. Der Zierapfel ist dann mit umgezogen in unser Haus, und auch heute noch erfreut mich dieser kleine *Malus* 'Red Sentinel' mit seiner weißen Blüte.

Der Zierapfel ist ein wirklich sehr dankbarer Topfbewohner und bietet über das ganze Jahr hinweg viel Freude. Im Frühling besticht er mit seiner wunderbaren Blütenpracht. Nach der Blüte entwickelt er dann kleine Äpfelchen, die im Spätherbst rot werden. Diese werden im Herbst und Winter, aber auch noch im zeitigen Frühjahr von Wildvögeln gern als Nahrung angenommen.

Vor allem im Sommer ist es wichtig, den Zierapfel mindestens jeden zweiten Tag zu gießen, damit sich die Früchte gut entwickeln. Wer möchte, kann alle drei bis vier Wochen auch einen Obstdünger verwenden.
Im Winter schütze ich den kleinen Apfel lediglich von oben mit einer Kokosmatte oder auch mit Tannenästen – mehr ist hier nicht erforderlich, da er strenge Winter gut aushält.
Bevor der Apfel im Frühling wieder neu austreibt, kann man ihn, wenn gewünscht, zurückschneiden – am besten im Januar oder Februar. Meinen Zierapfel habe ich viele Jahre lang gar nicht geschnitten, erst als er sehr stark gewachsen war und der Fülle an Äpfeln sonst nicht mehr standgehalten hätte. Sobald der Zierapfel ausgetrieben hat, sollte man ihn nicht mehr schneiden!

Steckbrief

ZIERAPFEL 'RED SENTINEL'

MALUS 'RED SENTINEL'

STANDORT: sonnig bis halbschattig
WASSERBEDARF: mittel
WINTERHART: ja
PFLEGEAUFWAND: gering
LEBENSDAUER: mehrjährig
BLÜHZEIT: V–VI
WUCHSFORM: je nach Topfgröße
BESONDERHEITEN: ganzjährig eine Augenweide

Der Zierapfel macht mehrmals im Jahr etwas her: Im Frühling blüht er wunderschön, im Sommer reifen kleine Früchte und im Herbst färbt sich das Laub leuchtend orange.

NAHRUNG

— für Vögel

Im Winter gibt es für die gefiederten Gartenbewohner oftmals nur noch wenige natürliche Futterquellen. Es gibt immer weniger Beerensträucher, die Gärten werden im Herbst sorgfältig aufgeräumt und die Insekten bereiten sich auf den Winter vor. Da wird von allerlei Vögeln das Futterangebot im Topfgarten sehr gern angenommen, und es lohnt sich, das bereits beim Kauf der Kübelpflanzen zu berücksichtigen.

Wenn man Futterhäuschen aufstellt, kann man das bunte Treiben gemütlich von der Terrasse aus beobachten.

Nicht nur bei uns Menschen ist z. B. der Zierapfel sehr beliebt. Bei mir herrscht im Topfgarten ein regelrechter Ansturm auf die roten Früchte, die die Vögel teilweise bis in den März hinein mit Nahrung versorgen.

Auch unsere in Kübeln wachsende Ligusterhecke trägt ab dem Herbst unzählige Früchte. Bevor ich die Hecke anlegte, wurde ich gewarnt, dass die Vögel die Beeren fressen und dann durch ihre farbigen Ausscheidungen unsere Hausfassade beschmutzen würden. Doch das ist in all den Jahren nie passiert. Daher kann ich früchtetragende, winterharte Sträucher sowohl als Solitärpflanze als auch als „Kübelhecke“ nur empfehlen – die Vögel werden es danken!

Vögel, die im Winter in unseren Breiten bleiben, freuen sich über das Futterangebot im Topfgarten.

Selbstverständlich biete ich den Vögeln auch im Winter zusätzlich passendes Futter an, und auch dieses wird dankbar angenommen! Allerdings sind die Abnehmer nicht nur Vögel, hin und wieder bedient sich hier auch ein Mäuschen oder sogar ein Eichhörnchen.

Vögel freuen sich über eine Vielzahl an Pflanzen, die ihnen Nahrung bieten. Da ich hier aber hauptsächlich auf die Pflanzen eingehen möchte, mit denen ich Erfahrungen sammeln konnte, liste ich nur diejenigen auf, die sich bei mir bewährt haben.

VORSICHT GIFTIG!

Einige Beeren, die von Vögeln gern gefressen werden, sind für uns Menschen giftig! Dies gilt besonders für die Beeren von Kirschlorbeer und Liguster. Auch andere Pflanzenteile können giftig sein, bei der Eibe ist z. B. alles giftig. Daher sollte man sich im Zweifel informieren und vor allem auf Kinder achten.

EINIGE FÜR KÜBEL GEEIGNETE FUTTERPFLANZEN:

- Baumhasel (*Corylus colurna*)
- Deutzie (*Deutzia scabra*)
- Europäische Eibe (*Taxus baccata*)
- Felsenbirne (*Amelanchier ovalis, Amelanchier canadensis*)
- Roter Hartriegel (*Cornus sanguinea*)
- Weißer Hartriegel (*Cornus alba*, auch *C. sibirica* mit roter Rinde)
- Himbeere (*Rubus idaeus*)
- Japanischer Schnurbaum (*Styphnolobium japonicum*)
- Kirschlorbeer (*Prunus laurocerasus*)
- Liguster (*Ligustrum vulgare*)
- Pflaume (*Prunus domestica*)
- Johannisbeere (*Ribes rubrum, Ribes nigrum*)
- Stachelbeere (*Ribes uva-crispa*)
- Schlehe (*Prunus spinosa*)

WEINREBE

Hier habe ich mich für eine Pflanze entschieden, die bei uns eigentlich häufig vorkommt, besonders in den Weinbauregionen. In einem Kübel sieht man sie bisher jedoch eher selten. Aber mich hat schon immer die dekorative Herbstfärbung begeistert, und die Vorstellung, direkt vom Liegestuhl aus süße Trauben naschen zu können.

Und wer dieses Buch durchblättert und meinen Instagram-Account verfolgt, kann unschwer erkennen, dass ich einen Hang zu knorrigen Stämmen habe. Also beschloss ich, es einfach auszuprobieren, frei nach dem Motto „Probieren geht über Studieren".

Übrigens: Auf Instagram hatten mich vor einiger Zeit zwei, drei Winzerinnen angeschrieben und gesagt, dass ich mit meinem „Kübel-Wein" doch sehr mutig sei. Aber nachdem mein Wein dann wider Erwarten richtig „explodiert" ist und mich mit vielen Trauben belohnt hat, gaben sie mir absolut recht – das tollste Kompliment von Profis!

Im Vorfeld habe ich mir natürlich Gedanken darüber gemacht, ob und wie sich Wein in einem Kübel wohlfühlen würde. Wein ist z. B. ein Tiefwurzler, daher empfiehlt es sich, ihn in einen hohen Kübel zu setzen.

Steckbrief

ECHTE WEINREBE

VITIS VINIFERA

STANDORT: sonnig
WASSERBEDARF: mittel, im Sommer täglich gießen
WINTERHART: ja
PFLEGEAUFWAND: mittel
LEBENSDAUER: mehrjährig
BLÜHZEIT: IV–VI
ERNTE: IX–X, je nach Sorte
WUCHSFORM: Kletterpflanze mit Sprossranken
BESONDERHEITEN: Tiefwurzler, daher auf einen hohen Topf achten

Ungewöhnlich, funktioniert aber wunderbar: die Weinrebe im Kübel.

Außerdem mag Wein volle Sonne, perfekt für unseren Balkon auf der Südseite. Man sieht auch auf dem Foto schon gut, wie wohl er sich dort gleich gefühlt hat. Im August und September hat er uns dann mit seinen saftigen Früchten belohnt. Diese habe ich im Entsafter zu leckerem Traubensaft gepresst. Durch die sonnige Lage waren die Trauben wunderbar süß!

Ende August, Anfang September wiederum begeistert uns der Wein mit seiner wunderschönen Laubfärbung – ein absolutes Highlight für Balkon und Terrasse! Im Herbst schließlich wirft er dann seine Blätter ab. Da Wein winterhart ist, schütze ich ihn bei tiefen Temperaturen lediglich mit einer Kokosmatte oder ein paar Tannenästen auf der Erde.

TIPP:
Bitte unbedingt seitliche Triebe vom Stamm entfernen und im Februar/März einen Rückschnitt vornehmen!

HERBSTLICHER FARBTUPFER: WACHOLDER, TORFMYRTE UND SKIMMIE

SCHÖNE KOMBI

Koniferen wie z. B. der **Wacholder 'Stricta'** (*Juniperus chinensis*) eignen sich hervorragend für eine herbstliche Bepflanzung in Kübeln oder auch Balkonkästen. Gerade der Wacholder macht sich durch seinen kegelförmigen Wuchs sehr gut in Kübeln oder auch kleinen Gärten; ausgepflanzt kann er aber eine durchaus imposante Höhe erreichen.

Farbtupfer, wie hier von der Torfmyrte, sind im Winter immer willkommen.

Der Wacholder ist ein immergrünes Nadelgehölz und hat im Gegensatz zu vielen seiner Kollegen sehr weiche Nadeln. Im Spätsommer zieren ihn blaugrüne Beeren, die allerdings giftig sind.

Wunderbar zum Wacholder passen die **Torfmyrte** mit ihren hübschen roten Beeren und die **Blütenskimmie 'White Globe'**. Diese blüht ab März auch in schattigen Lagen und ist für die Bienen im Frühling eine erste Nahrungsquelle. Die Skimmie ist frosthart und kann ausgepflanzt eine Höhe von etwa 100 cm erreichen, bleibt im Topf aber natürlich kleiner und eignet sich daher ebenfalls sehr gut für eine langfristige Bepflanzung.

Steckbrief

WACHOLDER 'STRICTA'

JUNIPERUS CHINENSIS

STANDORT: sonnig bis halbschattig
WASSERBEDARF: mittel
WINTERHART: ja
PFLEGEAUFWAND: gering
LEBENSDAUER: mehrjährig
BLÜHZEIT: II–IV
WUCHSFORM: kegelförmig
BESONDERHEITEN: immergrün; alle Pflanzenteile sind giftig!

TIPP:
Den anspruchslosen Wacholder kann man über lange Zeit in seinem Kübel belassen und immer wieder durch saisonale Bepflanzung ergänzen.

Steckbrief

TORFMYRTE

GAULTHERIA MUCRONATA

STANDORT: sonnig bis halbschattig
WASSERBEDARF: mittel bis hoch
WINTERHART: ja, bei starken Minusgraden Winterschutz
PFLEGEAUFWAND: gering
LEBENSDAUER: mehrjährig
BLÜHZEIT: V–VI
WUCHSFORM: breitwüchsig
BESONDERHEITEN: aromatischer Duft beim Zerreiben der Blätter, Früchte giftig!

Steckbrief

BLÜTENSKIMMIE 'WHITE GLOBE'

SKIMMIA JAPONICA

STANDORT: halbschattig bis schattig, windgeschützt
WASSERBEDARF: mittel
WINTERHART: ja
PFLEGEAUFWAND: gering
LEBENSDAUER: mehrjährig
BLÜHZEIT: III–IV
WUCHSFORM: buschig
BESONDERHEITEN: immergrün; blütenreich auch an schattigen Standorten; sehr bienenfreundlich

GRÄSER
— *im Topfgarten*

Wunderschön im Topf machen sich auch Gräser. Ich habe schon oft gelesen, dass Gräser sich nicht für die Pflanzung in Kübeln oder Töpfen eignen. Meine persönliche Erfahrung widerspricht dem aber: Meine Gräser befinden sich mittlerweile schon seit drei Jahren in den Pflanzkörben und machen sich prächtig. Dort werden sie natürlich nicht übermäßig groß, aber so sind sie für die Topfkultur ja gerade richtig!

In unserem Topfgarten gibt es unter anderem das **Pampasgras** 'Silver Star'. Ab September zeigen sich weiße Blütenwedel, die ganz bezaubernd im Wind wehen. Das Pampasgras ist sehr robust und daher kommt es auch sehr gut im heißen Sommer und im sehr kalten Winter klar, nur Staunässe mag es gar nicht.
Ihre Robustheit schätze ich an dieser Pflanze sehr; sie ist weder anfällig für Krankheiten noch für Schädlinge – also ein klarer Gewinn für den Topfgarten!

Ein weiteres Gras, das in meinem Topfgarten „wohnt", ist das **Japanische Blutgras** 'Red Baron'. Ganz typisch für dieses Ziergras ist die rote Herbstfärbung. Im Frühling sind lediglich die Blattspitzen rot; im Laufe des Sommers verfärben sich die Halme immer weiter, bis sie im Herbst ein sattes Tiefrot erreicht habe. Mit dem Beginn der frostigen Tage verblasst die Farbe dann wieder.

Japanisches Blutgras

Steckbrief

JAPANISCHES BLUTGRAS 'RED BARON'

IMPERATA CYLINDRICA

STANDORT: sonnig, windgeschützt
WASSERBEDARF: mittel
WINTERHART: ja
PFLEGEAUFWAND: gering
LEBENSDAUER: mehrjährig
WUCHSFORM: aufrecht
BESONDERHEITEN: rote Herbstfärbung

Steckbrief

PAMPASGRAS 'SILVER STAR'

CORTADERIA SELLOANA

STANDORT: sonnig bis halbschattig
WASSERBEDARF: mittel
WINTERHART: ja, evtl. mit Winterschutz
PFLEGEAUFWAND: gering
LEBENSDAUER: mehrjährig
BLÜHZEIT: ab September/Oktober
WUCHSFORM: aufrecht
BESONDERHEITEN: auch im Herbst und Winter dekorativ; in größeren Kübeln schöner Sichtschutz

In Japan wird das Gras traditionell in flachen Schalen als Begleiter für Bonsais gezogen – es ist also gut für Kübel und Töpfe geeignet und bleibt in seinem Wuchs, anders als das Pampasgras, relativ niedrig.
Bei Topfkultur zeigt das Blutgras leider nur selten Blüten, aber die schöne Färbung der Halme macht das wieder wett.

GRÄSER ÜBERWINTERN

Die allermeisten Gräser sind zwar winterhart, doch so ganz traue ich dem Frieden nicht. Daher packe ich sie immer gut mit einer Schafwollmatte oder einem Jutesack ein. Das ist auch optisch dekorativ, da die Gräser stehen bleiben und erst im Frühjahr geschnitten werden. Mit einer kleinen Lichterkette gestalte ich das Ganze gern winterlich und füge manchmal für die Weihnachtszeit noch weitere Deko hinzu.
Im zeitigen Frühjahr werden die Gräser geschnitten. Dafür stutze ich sie etwa eine Handbreit über dem Boden. Die neuen Triebe wachsen dann von innen nach und erfrischen den Topfgarten oder den Balkon wieder mit ihren neuen Halmen.

TIPP:
Die Blütenwedel der Gräser sind nach dem Rückschnitt eine sehr schöne Deko für drinnen!

WINTER

— gut geschützt einfach schön

WINTERRUHE UND LICHTERZAUBER

Im Winter ruht der Topfgarten. Frostempfindliche Pflanzen wurden schon im Spätherbst vor dem ersten Frost warm eingepackt und abgedeckt und stehen nun einghüllt in Jute und Vlies auf Balkon und Terrasse.

Mit einer Lichterkette wird aus dem Topfgarten auch im Wintergewand ein hübscher Blickfang, ganz besonders nach Einbruch der Dämmerung. Überhaupt kann man das Kübel-Arrangement durch Windlichter mit LED-Kerzen und saisonaler Dekoration auch in der kalten Jahreszeit sehr schön zur Geltung bringen. Denn auch im Winter bereichert der Topfgarten den Außenbereich und lädt zum kurzen Verweilen ein. Mit stimmungsvoller Beleuchtung zwischen den Kübeln und Töpfen schmeckt ein heißer Punsch ganz besonders gut. Später am Abend freuen wir uns dann am Blick von innen durch das Fenster auf den Lichterzauber des Topfgartens. Und schmieden Pläne für das kommende Frühjahr!

Pflanzen wie die Japanische Fruchtskimmie bringen im Winter Farbe in den Topfgarten.

— „Dekoration und Beleuchtung sorgen im Winter im Topfgarten für Atmosphäre."

SCHÖNE KOMBI

WEIHNACHTLICHES DUO: ILEX UND ZUCKERHUTFICHTE

Da sich der Winter eigentlich nicht zum Pflanzen eignet und ich die letzten Bepflanzungen für den Winter meistens schon im Herbst durchführe, arrangiere ich im Winter meine Pflanzen eher und setze sie mit Tannenästen & Co. in Szene.

Einer meiner absoluten Winterklassiker – und auch im Sommer sehr schön, denn da setzt er seine Früchte an – ist der **Ilex**, auch Stechpalme genannt. Er ist relativ robust, im Kübel bzw. wie hier in der Amphore schütze ich ihn bei sehr tiefen Temperaturen zur Sicherheit mit einem Vlies vor der Kälte.
Zwischen Mai und Juni bekommt er bezaubernde cremeweiße Blüten, und ab September bis in den Januar hinein setzt er mit seinen wunderschönen roten Früchten Farbtupfer im Topfgarten. Doch Vorsicht: Die Früchte sind giftig!
Der Ilex ist immergrün mit wunderschönen, dunkelgrünen Blättern – es gibt aber auch Züchtungen, deren Blätter weiß-gelblich gerändert sind. Vorsicht ist hier beim Standort geboten, denn er bevorzugt eine eher halbschattige bis schattige Lage. Zu sonnig und zu viel Wasser – und er reagiert mit Blattabwurf. Der Ilex ist ein Tiefwurzler, daher sollte man bei der Wahl des Kübels auf eine gewisse Höhe achten.

Ilex ist neben der Tanne der Weihnachtsklassiker. Er wächst auch gern im Topf.

Den Ilex arrangiere ich gern mit verschiedenen Koniferen, z. B. einer **Zuckerhutfichte**. Diese Zusammenstellung wirkt sehr weihnachtlich, besonders mit entsprechender Dekoration, wie einer Lichterkette oder Sternen. Sehr schön passt dazu die Christrose. Aber auch als Solitärpflanze ist sie sehr dekorativ. Die Zuckerhutfichte bevorzugt einen eher sonnigen Standort. Sie ist immergrün und eignet sich wegen ihres langsamen Wuchses sehr gut für Kübel und kleine Gärten.

Steckbrief

ILEX

ILEX AQUIFOLIUM

STANDORT: halbschattig bis schattig
WASSERBEDARF: mittel
WINTERHART: ja
PFLEGEAUFWAND: gering
LEBENSDAUER: mehrjährig
BLÜHZEIT: V–VI
FRÜCHTE: IX–I
WUCHSFORM: buschig, im Garten bis zu 3 m hoch
BESONDERHEITEN: immergrün; unscheinbare Bienenweide; Futterpflanze für Vögel; Blätter und Früchte sind giftig!

Eine schöne Stellkombination: Ilex, Zuckerhutfichte und Christrose.

Die ebenfalls immergrüne Zuckerhutfichte wächst im Durchschnitt eher langsam und eignet sich daher auch sehr gut für kleine Gärten und Balkone. Sie ist relativ anspruchslos und ist mit gelegentlichen Gaben von Kübelpflanzen- oder auch speziellem Koniferendünger zufrieden. Im Sommer sollte sie täglich mäßig und im Winter an frostfreien Tagen gegossen werden.
Während langer Hitze- und Trockenperioden kann die Zuckerhutfichte von der Roten Spinne befallen werden. Mit regelmäßigem Düngen und guter Bewässerung kann man dem vorbeugen. Zudem sollte man sie dann etwas schattiger stellen.

Steckbrief

ZUCKERHUTFICHTE

PICEA GLAUCA 'CONICA'

STANDORT: sonnig bis halbschattig
WASSERBEDARF: mittel
WINTERHART: ja
PFLEGEAUFWAND: gering
LEBENSDAUER: mehrjährig
WUCHSFORM: kegelförmig, dicht verzweigt
BESONDERHEITEN: nicht schneiden

BELEUCHTUNG

— *Stimmungsvolle Akzente*

Egal, wie groß oder klein ein Garten ist, das A und O, um ihn besonders in der Dämmerung und den Abendstunden so richtig in Szene zu setzen, ist Licht! Ich arbeite sehr viel und sehr gerne mit Licht. Zum einen, weil es einfach eine schöne Stimmung verbreitet, und zum anderen, weil es die einzelnen Pflanzen und Deko-Objekte auch bei Dunkelheit zum Vorschein bringt und wirken lässt.

Wenn man die Möglichkeit dazu hat, sollte man sich also bereits bei der Planung des Außenbereichs Gedanken zu Steckdosen machen und daran nicht sparen. Neben elektrischem Licht bzw. Strom aus der Steckdose gibt aber noch viele andere Möglichkeiten, den Topfgarten mit stimmungsvollem Licht zu verzaubern. Ganz traditionell sorgen Kerzen in schönen Windlichtern für einen sehr natürlichen Schein. Täuschend echt wirken LED-Echtwachskerzen. Hier sollte man jedoch unbedingt daran denken, sie vor praller Sonne zu schützen, da das Wachs sonst schmelzen kann.
Außerdem verwende ich viele Lichter mit Batterien und Timer oder auch Solarleuchten mit Dämmerungssensor. Hierbei liebe ich besonders, dass man nicht daran denken muss, das Licht einzuschalten oder zu löschen – das geht ganz von selbst. Manchmal verliebt man sich in ein Leuchtobjekt, das aber leider keinen Timer oder Dämmerungssensor hat. Hier empfehle ich, die Laterne mit einer Lichterkette mit Timer auszustatten.

Mit der entsprechenden Beleuchtung entfaltet der Topfgarten mit seinen vielen kleinen Lichtchen eine ganz besondere Atmosphäre.

Unser Kater Fred sitzt im Winter am liebsten auf der Fensterbank und schaut in den erleuchteten Topfgarten hinaus.

Beim Einsatz von Stimmungslicht sollte man sich allerdings bewusst sein, dass nicht nur wir Menschen den Lichtschein mögen. Auch Insekten werden davon angezogen. Im Juni begeben sich z. B. die Maikäfer auf ihren Hochzeitsflug und werden vom Licht magisch angezogen, um dann ihre Eier in der Erde in den Töpfen abzulegen. Daraus schlüpfen nach einiger Zeit Engerlinge, die die Wurzeln der Topfpflanzen schädigen können. Auch Stechmücken und Motten kommen gern zum Licht.

Wie bei so vielem sollte man es also auch bei den Lichtquellen nicht übertreiben. Ganz bewusst setze ich zwar gerne vor allem im Winter eine üppige Beleuchtung ein, doch leuchtet diese nur wenige Stunden lang und auf keinen Fall die ganze Nacht hindurch. Das tue ich zum einen, um den Energieverbrauch in Grenzen zu halten, zum anderen, um nicht unnötig zur „Lichtverschmutzung“ beizutragen. Schließlich möchten die Vögel und anderen Tiere nach Einbruch der Dunkelheit ihre Ruhe haben. Daher sollte man gut überlegen, wo und wie man das Licht zum Einsatz bringt.

TIPP:

Wunderbar funktionieren LED-Christbaumkerzen mit Fernbedienung und Timer. Einfach in die Laterne oder das Windlicht legen – und schon kann man sich täglich am Lichtschein erfreuen.

PFLEGELEICHTES QUARTETT: BESENHEIDE, TORFMYRTE, GITTERKRAUT UND STRAUCHVERONIKA

SCHÖNE KOMBI

Für eine stimmige, winterliche Bepflanzung passen diese vier Pflanzen sehr gut zusammen. Sie haben dieselben Ansprüche und können bis ins Frühjahr in ihrem Topf bleiben. Mit etwas herbstlicher Deko wie z. B. Zierkürbissen wirken sie noch dekorativer. Und für die Weihnachtszeit wird dann einfach das Deko-Element ausgetauscht.

Die **Besenheide** oder auch gerne Sommerheide ist ein bei uns beheimateter Zwergstrauch und in verschiedenen Farben erhältlich. Der Name Besenheide stammt noch aus der Zeit, in der die getrocknete Heide zum Kehren verwendet wurde. Die sogenannten Callunen sind auch eine beliebte Bienenpflanze, von ihnen wird sogar Honig gewonnen – der Heidehonig. Der Zwergstrauch ist frosthart und bei sehr guter Pflege kann er sehr alt werden. Pflanzt man Besenheide in einen Topf, empfehle ich eine gute Wässerung, da sie schnell austrocknen kann! Sie fühlt sich in normaler Blumenerde wohl, dankt es aber, wenn man die Erde mit etwas Sand vermischt.

Die **Torfmyrte** (Steckbrief siehe S. 107) zählt ebenfalls zu den Heidekrautgewächsen und kann sogar bis zu einem Meter hoch werden.
Nach der Blüte von Mai bis Juni trägt sie ab September weiße, runde Früchte. Die Pflanze ist immergrün und benötigt ausreichend Wasser. Unbedingt darauf achten, dass keine Staunässe entsteht!

VORSICHT:
Die Beeren der Torfmyrte sind giftig!

Das **Gitterkraut** wird auch Stacheldraht genannt und eignet sich mit seinem aufrechten Wuchs gut zur Kübelbepflanzung in Pflanzengruppen, da es Pflanz-Kombinationen sehr schön ausfüllen kann. Seine silbrig-grauen Ästchen setzen einen interessanten Kontrast zu den Grüntönen anderer Pflanzen.

Die **Strauchveronika** 'Green Globe' ist immergrün. Mit ihrem buschigen und rundlichen Wuchs ist sie eine schöne Strukturpflanze für Topfkombinationen. Die Pflanze benötigt ebenfalls ausreichend Wasser und bevorzugt wie die Vorgänger einen sandig-humosen bis normalen Boden.
Sie ist frosthart – allerdings empfehle ich bei zu hohen Minusgraden auch hier einen Schutz.

Steckbrief

BESENHEIDE, SOMMERHEIDE
CALLUNA VULGARIS

STANDORT: sonnig bis halbschattig
WASSERBEDARF: mittel
WINTERHART: ja, mit Winterschutz
PFLEGEAUFWAND: gering
LEBENSDAUER: mehrjährig
BLÜHZEIT: Spätsommer/Herbst bis Winter
WUCHSFORM: aufrechter Wuchs
BESONDERHEITEN: wunderschöne winterliche Kombinationspflanze

Mit passender Deko kann diese Kombination vom Winter bis in das Frühjahr hinein stehenbleiben.

Steckbrief

GITTERKRAUT
CALOCEPHALUS BROWNII

STANDORT: sonnig bis halbschattig
WASSERBEDARF: mittel
WINTERHART: ja, bis –16 °C
PFLEGEAUFWAND: gering
LEBENSDAUER: mehrjährig
BLÜHZEIT: VI–VIII
WUCHSFORM: aufrecht, 10–30 cm hoch und 20–40 cm breit
BESONDERHEITEN: bizarrer Wuchs; interessante grünlich-weiße Farbe; eignet sich hervorragend für Gruppenbepflanzungen

Steckbrief

STRAUCHVERONIKA 'GREEN GLOBE'
HEBE

STANDORT: sonnig bis halbschattig
WASSERBEDARF: mittel
WINTERHART: ja, bei starken Minusgraden Winterschutz
PFLEGEAUFWAND: gering
LEBENSDAUER: mehrjährig
BLÜHZEIT: VIII–X
WUCHSFORM: aufrecht, buschig, rundlich, 20–30 cm hoch
BESONDERHEITEN: viele verschiedene Sorten

ÜBERRASCHUNG! BLUMENZWIEBEL-LASAGNE

SCHÖNE KOMBI

Sie ist eines meiner Lieblingsprojekte im Topfgarten und erfreut mich jedes Jahr aufs Neue. Man muss sich zwar etwas gedulden, wird dafür aber ab etwa Februar mit den ersten Blüten belohnt. Und da es dann schon eine ganze Weile her ist, seit die Zwiebeln für diese ungewöhnliche „Lasagne“ in den Topf gesetzt wurden, kann man sich wunderbar überraschen lassen, welche Blüten wohl als Nächstes aus dem Topf schauen werden.

Mit Moos abgedeckt und hübsch dekoriert verbringen die geschichteten Blumenzwiebeln den Winter im Topf.

Besonders für kleine Gärten und für Balkon und Terrasse ist diese Art der Zwiebelpflanzung ideal, da man viele Zwiebeln und dann Blüten auf kleinem Raum unterbringen kann.

Im Herbst oder im frühen Winter setze ich Zwiebeln verschiedener Arten und Sorten in Schichten in meine Töpfe und Pflanzkörbe. Eine Schicht Erde – je nach Topfgröße 5–15 Blumenzwiebeln – eine Schicht Erde – und so weiter. Zum Schluss etwas angießen, und dann darf die Lasagne bis Ende Januar ruhen. Danach wird an frostfreien Tagen sparsam gegossen. Ab Februar sprießen Schicht für Schicht die Blüten und erfreuen uns teilweise bis in den Mai hinein – ein früher und langanhaltender Farbtupfer für den Topfgarten! Bis aber die Hyazinthe & Co. blühen, decke ich die Töpfe mit Moos ab. Mit ein paar Zierkürbissen oder anderen Deko-Elementen sind die Töpfe auch in ihrer Wachstumspause sehr dekorativ.

Bei der Pflanzung in Schichten achte ich auf die Blütezeit der jeweiligen Zwiebeln: Die Zwiebeln, die zuletzt blühen, kommen ganz nach unten in den Topf und die Zwiebeln, die zuerst blühen, z. B. Schneeglöckchen, in die oberste Lage.
Da die Blumenzwiebeln in ihrer Lasagne den ganzen Winter über im Freien waren, sind sie an die Kälte gewöhnt und frosthart, im Gegensatz zu im Frühjahr in Töpfen gekauften Zwiebeln, die meist im Gewächshaus vorgezogen sind.

TIPP:
Der Topf sollte mindestens 40 cm hoch sein, damit die Schichten darin Platz finden. Wenn das Gefäß unter freiem Himmel steht, auf ausreichend Drainage achten!

Erde und Zwiebeln werden abwechselnd geschichtet.

Nach und nach sprießen die verschiedenen Zwiebelblumen aus der Erde.

BEISPIEL FÜR EINE BLUMENZWIEBEL-LASAGNE:

- **1. Schicht** (unten): 8–10 cm Erde
  10–15 Aprilbecher (*Leucojum aestivum*)
- **2. Schicht** (Mitte): 8–10 cm Erde
  Ca. 5 Hyazinthen (z. B. *Hyacinthus* 'Carnegie')
- **3. Schicht** (oben): 8–10 cm Erde
  Ca. 10 gefüllte Schneeglöckchen (z. B. *Galanthus*)

GUT ZU WISSEN

— *für gesunde Pflanzen*

WICHTIGES FÜR DEN TOPFGARTEN

Pflanzen in Töpfe und Kübel zu setzen, zu pflegen und sie zu einem Topfgarten zusammenzustellen, macht einfach Freude! Weil man im Gegensatz zu einem „richtigen" Garten die Pflanzen umstellen kann, erfüllt es mich immer mit großer Zufriedenheit, wenn wieder eine besonders schöne Kombination gelungen ist.

Für einen stimmigen Topfgarten ist es natürlich wichtig zu wissen, welche Pflanzen hinsichtlich ihres Aussehens und ihrer Bedürfnisse überhaupt zusammenpassen. Und auch wenn der Raum im Topfgarten begrenzt ist und hier meist weniger Pflanzen wachsen als in einem Garten, sollte man auch hier die Umwelt im Blick behalten. Denn selbst beim Gärtnern in Töpfen und Kübeln kann man mit einer nachhaltigen Auswahl von Werkzeugen und Pflanzen, sparsamem Umgang mit Wasser und vielem mehr so einiges für den Erhalt unserer Natur tun. Dazu gehört ebenso die richtige und bewusste Bekämpfung von Krankheiten und Schädlingen. Die wichtigsten, die bei mir bisher aufgetreten sind, stelle ich im Folgenden vor und erkläre, was hier hilft. Damit einem üppigen Topfgarten nichts mehr im Wege steht!

Ich schaue regelmäßig, ob es meinen Pflanzen gutgeht.

— „Präventiv für gesunde Pflanzen zu sorgen ist der beste Schutz."

TIPPS FÜR NACHHALTIGKEIT IM TOPFGARTEN

Nicht nur im Haus, sondern auch im Garten können wir sehr viel für die Erhaltung unserer Umwelt tun, um unsere Natur zu schützen. Jeder kann einen Beitrag dazu leisten, das ist gar nicht so schwer. Dinge wiederverwenden, anstatt wegwerfen und neu kaufen, Tieren Unterschlupf bieten, um die Artenvielfalt zu fördern, auf umweltverträgliche Schädlingsbekämpung setzen und vieles mehr – es gibt immer eine Möglichkeit, den Topfgarten nicht nur für uns selbst zu einem wertvollen Stück Natur zu machen!

TORFFREIE ERDE

Für die Bepflanzung von Töpfen und Kübeln empfehle ich Erde, die keinen Torf enthält. Der Abbau von Torf verursacht große Umweltprobleme und zerstört Lebensräume für viele Pflanzen und Tiere, die sich über Jahrtausende entwickelt haben. Die Verwendung von torffreier Erde schützt unsere Hochmoore und unser Klima wird es uns danken. Beim Kauf von Erde achte ich also auf den Vermerk „torffrei" oder wenigstens „torfreduziert".

Bei torffreier Erde sollte man allerdings verstärkt darauf achten, dass die Pflanzen gut mit Nährstoffen und Wasser versorgt sind. Der Torfanteil in herkömmlicher Blumenerde dient unter anderem als Wasserspeicher, Erde ohne Torf kann also meist weniger Wasser aufnehmen, weswegen man die Pflanzen häufiger gießen muss. Auch Nährstoffe werden unter Umständen nicht so gut gespeichert. Ich empfehle daher, etwas Tongranulat (Blähton) in die Erde zu mischen und regelmäßig zu düngen, am besten mit Flüssigdünger.

WICHTIG:
Bio-Erde ist nicht immer torffrei – bitte genau auf die Beschreibung und das RAL-Gütezeichen achten.

ERDE WIEDERVERWENDEN

Nicht für jede Bepflanzung braucht man frische Erde. Besonders bei Töpfen, in denen sich eine saisonale Bepflanzung befand, verwende ich die Erde meist wieder. Ich lockere sie auf und verwende nach dem Einpflanzen den passenden Dünger – so sind die Pflanzen gleich wieder mit Nährstoffen versorgt.

BLUMENZWIEBELN WIEDERVERWENDEN

Hat man im zeitigen Frühjahr z. B. eine Topf-Hyazinthe gekauft, muss man die Zwiebeln nach dem Abblühen keinesfalls wegwerfen. Gesunde Blumenzwiebeln kann man sehr gut wiederverwenden: Einfach über den Sommer kühl und trocken lagern und im Herbst wieder eingraben (siehe Zwiebelpflanzen S. 36 und Blumenzwiebel-Lasagne S. 118).

Setzt man Blumenzwiebeln aus dem letzten Frühjahr im Herbst in Töpfe, sprießen sie auch im nächsten Jahr.

Pflanzgefäße, Gartenmöbel und -geräte wähle ich sorgfältig aus. Sie sind bei mir viele Jahre lang im Einsatz.

AUF PLASTIK VERZICHTEN

Plastik und Kunststoff lässt sich beim Gärtnern nicht ganz vermeiden. Aber man kann trotzdem versuchen, es nur dort zu verwenden, wo es gar nicht anders geht. So gibt es sehr gutes und auch schönes Gartenwerkzeug (siehe Praktische Helfer S. 13) aus heimischem oder nachhaltigem Holz. Auch Recyceln ist hier sehr sinnvoll. Säcke von Blumen z. B. lassen sich gut als Müllsäcke zweitverwenden, und bei meinen Drypots wird der Innentopf aus recycelten Materialien hergestellt.

GARTENMÖBEL UND WERKZEUGE

Auch hier kann man darauf achten, dass Holz als hochwertiges, langlebiges Material verwendet wird. Ich habe mich bei meinen Gartenmöbeln für die Marke „Kai Wiechmann" entschieden. Das verwendete Teakholz trägt das Siegel „Indonesian Legal Wood". Dieses und ähnliche Siegel versichern, dass das Holz nicht aus Raubbau, sondern aus einer Plantage stammt und so Naturwälder unangetastet bleiben. Sicherheit gibt hier auch das FSC-Zertifikat.
Ein weiterer Vorteil von Gartenmöbeln aus Holz ist, dass man sie im Gegensatz zu solchen aus Kunststoff reparieren und wiederaufbereiten kann.

WASSER SPEICHERN

Wer Platz für eine Regentonne hat und sie an einem Regenfallrohr aufstellen kann, sollte unbedingt Regenwasser auffangen. Das hat gleich mehrere Vorteile: Zum einen spart man beim Gießen Leitungswasser, zum anderen mögen die meisten Pflanzen das weichere Regenwasser lieber als das härtere Leitungswasser.

GUTE PARTNER AUF EINEN BLICK

Ich persönlich bepflanze meine größeren Kübel am liebsten mit Solitären, weil ich finde, dass man dann flexibler in der Gestaltung mit Form, Farbe und Höhe ist. Einige Pflanzen wirken aber in Kombination besonders schön, gerade, wenn sie nicht sehr groß sind. Aber ganz gleich, ob man Pflanzen in einem Kübel kombiniert oder einfach nur dicht zusammenstellt, gibt es auch im Topfgarten Nachbarn, die sich „grün" sind, und Nachbarn, die nicht so gut miteinander auskommen. Diese konkurrieren z. B. um Nährstoffe oder schädigen sich auf andere Weise.

GUTE PARTNERSCHAFTEN

- Olive – Lavendel
- Zitrone – Lavendel
- Mediterrane Kräuter – Lavendel
- Thymian – Lavendel
- Buchs in Stellkombination mit Hortensien
- Petunien in Stellkombination mit Zierapfel
- Stammbasilikum in Stellkombination mit Olive
- Christrosen sehen zu allen Nadelgehölzen schön aus
- Buchsbaum in Stellkombi mit Bloom Bux
- Hauswurz in Pflanzkombination mit Fetthenne
- Sommerflieder in Pflanzkombination mit Steinkraut
- Weinrebe in Pflanzkombination mit Lavendel
- Mini-Schmetterlingsflieder in Stellkombination mit Quitte
- Weinrebe und Pfefferminze (hilft gegen Mehltau)
- Rose und Lavendel (der Klassiker!)
- Tomate und Basilikum
- Kapuzinerkresse und Kürbisgewächse
- Kürbis und Kartoffeln

BESSER NICHT:

- Basilikum und Melisse
- Petersilie und Kamille
- Fenchel und Koriander, Majoran oder Ysop
- Thymian und Majoran
- Erdbeeren und Kohl jeder Art
- Gurken und Tomaten
- Kartoffeln und Sonnenblumen
- Erbsen und Tomaten
- Thymian und Ringelblume
- Thymian und Basilikum

Lavendel und Zitruspflanzen haben dieselben Ansprüche.

TIPP:

Wie auch bei der gemeinsamen Pflanzung im Topf sollte man auch bei der Stellkombination keine Pflanzen mit gleicher Höhe wählen, sondern mit unterschiedlichen Höhen spielen. Das lockert die Zusammenstellung auf und lässt die einzelnen Pflanzen besser wirken. Hier kann man natürlich auch mit kleinen Hockern oder Bänken nachhelfen!

Mit der richtigen Pflege kann auch in Töpfen ein wunderschöner Garten wachsen!

WAS IST, WENN – KRANKHEITEN, SCHÄDLINGE UND ANDERE PROBLEME

Oftmals ist ein Schädling oder eine Krankheit an Kübelpflanzen schneller zu sehen als bei Pflanzen im Garten. Auf der kleineren Fläche können sie auch mehr Schaden anrichten, aber man kann dem Befall eben auch schneller Herr werden.
Hier kommt ein Vorteil eines Topfgartens zum Tragen, nämlich dass man befallene Pflanzen besser von den anderen separieren kann, um größeren Schaden abzuwenden. Man kann eine Pflanze einfach in „Quarantäne stecken" – bei einem Garten ist das eher nicht vorstellbar.
Durch die Begrenzung auf den Topf oder Kübel lassen sich Schädlinge und Krankheiten auch gezielter und effektiver bekämpfen, egal ob man einen Wirkstoff in Stäbchenform verwendet, ihn gießt oder spritzt.

Ich gehe hier nur auf Krankheiten und Schädlinge ein, mit denen ich es selbst in meinem Topfgarten schon Erfahrung sammeln konnte. Die Mittel und Maßnahmen, die ich empfehle, haben bei meinen Pflanzen gut funktioniert. Wenn sie bei euch nicht den gewünschten Effekt haben, lasst euch bitte im Fachhandel oder im Gartencenter beraten.

WICHTIG:
Bei allen Mitteln, die ich in meinem Garten verwende, achte ich darauf, dass sie bienen- und generell insektenfreundlich sind und Mensch und Tier nicht schaden!

PRÄVENTIV

Vorab sei gesagt: Je eher man einen Schädling oder eine Krankheit entdeckt, umso geringer ist der Schaden und umso größer die Wahrscheinlichkeit, dass sich die Pflanze ohne viel Schaden erholt! Aber natürlich ist es am besten, wenn die Pflanzen gar nicht erst krank oder Opfer von Schädlingen werden. Daher empfehle ich immer, präventiv zu arbeiten und die Pflanzen zu stärken. Das geschieht durch die regelmäßige Gabe von passendem Dünger oder auch Kalk, einen passenden Standort und durch regelmäßige, bedarfsgerechte Bewässerung.
Bei Topfpflanzen empfiehlt es sich zum Teil sogar, im Winter zu düngen. Empfehlungen findet man auf der Rückseite der jeweiligen Dünger-Verpackung. Ich dünge z. B. meine Oliven ab Oktober einmal im Monat mit ihrem gewohnten Dünger. Außerdem verabreiche ich einigen Pflanzen im Frühling und im Herbst Algenkalk. Davon profitieren Olive, Liguster, Zitruspflanzen, Lavendel, Rosmarin, Gehölze und Buchs, weil sie so robuster gegen Pilze oder Schädlinge werden. Aber Vorsicht: Für Hortensien, Sommerheide, Kamelien sowie Rhododendren und andere Moorbeetpflanzen ist Kalk nicht geeignet!

TIPP:
Damit Kalk sich besser verteilt, kann man ihn auch gleich im Gießwasser auflösen!

BRAUNE BLÄTTER ODER BLATTSPITZEN

Eine häufige Ursache für braune Blattspitzen ist eine **falsche Bewässerung**. Daher sollte man als allererstes die Wurzeln kontrollieren und nachsehen, ob sich Staunässe gebildet hat und Wurzelfäule vorliegt. Außerdem kommen Topf- und Kübelpflanzen mit unregelmäßiger Bewässerung nicht gut zurecht. Zu viel, zu wenig oder zu unregelmäßiges Gießen sollte also vermieden werden.

☞ **DAS HILFT:**

- mehr Ablaufmöglichkeiten schaffen
- ggf. in frische Erde umtopfen
- regelmäßig und ausgewogen gießen

Braune Blattspitzen können aber auch auf einen **falschen Standort** hinweisen. Zu viel Sonne kann zu Sonnenbrand führen, und zu wenig Sonne oder zu viel Wind kann dafür verantwortlich sein, dass sich die Pflanze nicht wohlfühlt.

☞ **DAS HILFT:**

- Pflanze aus der vollen Sonne in den Halbschatten rücken
- helleren oder windgeschützten Standort wählen
- neue Pflanzen langsam an ihren Standort gewöhnen

Gelbe oder braune Blätter können auch auf eine **Unterversorgung** der Pflanze mit Nährstoffen hinweisen.

☞ **DAS HILFT:**

- regelmäßiges Düngen – bei Unsicherheit, welcher Dünger der richtige ist, im Fachhandel beraten lassen.

Aber auch nach dem Rückschnitt kann es zu braunen Blattspitzen kommen, wenn die empfindlichen frischen Schnittflächen starker **Sonneneinstrahlung** ausgesetzt waren. Dann ist es zu Sonnenbrand gekommen.

☞ **DAS HILFT:**

- Vorbeugen, indem in den Abendstunden oder bei bewölktem Himmel geschnitten wird

SONNENBRAND

Einen Sonnenbrand erkennt man an braunen, manchmal auch gelben, teilweise korkigen Stellen an den Blättern. Wenn man nichts dagegen unternimmt, sterben die Blätter ab.

☞ **DAS HILFT:**

- die Pflanze in den Schatten stellen
- kräftig gießen
- die verbrannten Blätter entfernen

FRASSFEINDE: RAUPEN, DICKMAULRÜSSLER, LÄUSE & CO.

Bei den Schädlingen, die sich leider auch im Topfgarten nur zu gern am reichhaltigen Buffet bedienen, unterscheidet man zwischen „beißenden" und „saugenden" Schädlingen. Zu den beißenden Schädlingen gehören Raupen, Dickmaulrüssler und Schnecken – eben alle Tiere, die Fraßspuren an Blättern oder anderen Pflanzenteilen hinterlassen. Bei den saugenden Schädlingen handelt es sich meist um Milben und Läuse jeglicher Art. Diese Schädlinge sind ein weiterer Grund, den Topfgarten insektenfreundlich zu gestalten, denn dann siedeln sich auch Nützlinge an, wie Marienkäfer, Wespen oder Spinnen, und manche Probleme regeln sich von selbst, indem die Schädlinge in Zaum gehalten werden. Auch Vögel können hier wertvolle Unterstützung leisten. Aber manchmal muss man auch selbst nachhelfen.

Beißende Schädlinge kann man meist an ihren Fraßspuren erkennen. Dickmaulrüssler z. B. verursachen Buchtenfraß, während Raupen eher Löcher in die Blätter knabbern und Schnecken häufig ganze Blätter wegfressen.
Wenn man zu einem Pestizid greifen muss, lieber ein Mittel zum Gießen statt zum Sprühen verwenden, da Gießmittel meist eine Depotwirkung haben und systemisch durch die Wurzeln auf die Pflanze und damit die Schädlinge wirken. Ansonsten empfehle ich, lieber gegen Abend zu spritzen, um die gespritzten Blätter nicht der prallen Sonne auszusetzen.

Buchtenfraß des Dickmaulrüsslers

TIPP:
Dickmaulrüssler und einige andere Schädlinge sind nachtaktiv. Wenn man in die Nähe des Pflanzkübels einen Tontopf mit Holzwolle stellt, verkriechen sich die Schädlinge tagsüber hier, man kann sie hier absammeln.

Der berüchtigte Dickmaulrüssler, entdeckt von meinem Sohn

DAS HILFT:
- wenn der Befall noch nicht so schlimm ist, die Raupen und Schnecken absammeln
- Ansonsten zu einem „Insektizid" greifen – auf Insektenfreundlichkeit achten!

Den **Dickmaulrüssler** finde ich persönlich von allen Schädlingen wirklich am schlimmsten. Man sieht ihn kaum, weil er nachtaktiv ist, und wenn er sich erst einmal eingenistet hat, frisst er schnell. Man erkennt ihn am besten am Buchtenfraß, den er an den Blättern hinterlässt. Schädlich ist hier aber weniger der Blätterfraß an sich, sondern die Eier, die der Käfer in die Erde legt. Daraus schlüpfen Larven, die sich dann von den Wurzeln der Pflanze ernähren.

DAS HILFT:
- sobald ein Befall festgestellt ist, mit Nematoden gießen und die Behandlung nach einiger Zeit wiederholen
- bei sehr schlimmem Befall ein Gießmittel gegen Dickmaulrüssler verwenden
- alternativ die Erde austauschen, allerdings könnten sich die Schädlinge dann wieder ansiedeln

TIPP:
Nematoden, mikroskopisch kleine Fadenwürmer, lassen sich gegen verschiedene Schädlinge einsetzen. Sie sind für Menschen, Nützlinge und andere Tiere ungefährlich. Welche Nematoden für welche Schädlinge die richtigen sind, erfährt man im Fachhandel.

Andere Schädlinge, die eher im Verborgenen aktiv sind, sind die **Engerlinge**, also die Larven, von Mai- und Junikäfern. In manchen Regionen kommen sie häufiger vor als in anderen, und meistens gibt es in einem Zyklus von vier Jahren ein Jahr mit besonders großem Aufkommen.
Bei ihrer Bekämpfung ist allerdings Vorsicht geboten, denn die „Fieslinge" werden oft mit Nützlingen verwechselt, und zwar mit den Larven des Rosenkäfers. Diese ernähren sich nur von abgestorbenem Wurzelmaterial, wobei natürlich auch ihre Population nicht überhand nehmen sollte. Die beiden kann man mit folgender Methode unterscheiden: Wenn man so einen kleinen Kerl ausgebuddelt hat, legt man ihn auf eine glatte Fläche. Dreht sich der Engerling auf den Rücken und bewegt sich wie eine Raupe fort, dann hat man es mit einem Rosenkäfer zu tun – also Entwarnung! Dreht er sich aber in Seitenlage und schlängelt davon, dann ist es ein Maikäfer-Engerling, führt er seine Kriechbewegung in Bauchlage aus, handelt es sich um einen Junikäfer-Engerling. Bei den erwachsenen Käfern sind die Beine des Mai- und des Junikäfers viel stärker ausgeprägt als die des Rosenkäfers!

Ein frisch ausgegrabener Rosenkäfer-Engerling

Zum Schutz vor Engerlingen mit Pflanzvlies abgedeckte Erde

DAS HILFT:

- im Mai / Juni mit Nematoden gießen und dann Ende des Sommers noch einmal

SO VORBEUGEN:

- die Erde in den Töpfen mit einem Pflanzenschutzvlies abdecken, sodass die Käfer dort keine Eier ablegen können – eine Schicht Erde darüber kaschiert das Vlies

Auch **saugende Schädlinge** können im Topfgarten großen Schaden anrichten. Meist sind es **Blattläuse**, die sich hier einnisten, aber auch Wollläuse, Spinnmilben, Schildläuse & Co. können die Pflanzen durch das Saugen des Pflanzensafts empfindlich schwächen. Außerdem sind sie durch ihre oft klebrigen Absonderungen, die dann auch Ameisen anziehen, sehr unangenehm.

DAS HILFT:

- die Läuse mit einem kräftigen Wasserstrahl von der Pflanze spülen
- bei kleineren Pflanzen mit einem Gemisch aus Schmierseife und Wasser oder Knoblauchöl und Wasser spritzen
- Nützlinge einsetzen, wie Marienkäferlarven, Florfliegenlarven oder Schlupfwespen
- bei hartnäckigem Befall zu einem Insektizid greifen

Eine gefräßige Raupe des Buchsbaumzünslers

TIPP:
Larven von Nützlingen erhält man im Fachhandel und kann sie auch zum Versand im Internet bestellen.

Zu den saugenden Schädlingen zählt auch der **Buchsbaumzünsler.** Er ist der wohl am meisten gefürchtete Feind des Buchsbaums. Sobald man die ersten der bis zu fünf Zentimeter langen, grünschwarz gestreiften Raupen mit den schwarzen Punkten erspäht, ist Handeln geboten, denn sonst können die Raupen einen Buchsbaum innerhalb weniger Tage kahlfressen.
Hier gilt also von Anfang an: Je früher erkannt, schneller und besser ist der Buchsbaumzünsler zu bekämpfen. Bei der Behandlung sollte man aber alle anderen Buchsbäume im Bestand mit einbeziehen, denn er ist leicht zu übersehen. Bei dem Kampf gegen den ungeliebten Gast helfen mir auch viele Spatzen – daher ist es sehr wichtig, dass wir uns immer um unsere gefiederten Freunde kümmern – sommers wie winters!

TIPP:
Bei der Bekämpfung des Buchsbaumzünslers hat sich der Bacillus thuringiensis bewährt. Das Bakterium wirkt nur gegen den Buchsbaumzünsler und sonstige Schadraupen und ist für andere Tiere und Pflanzen sowie Menschen nicht schädlich.
Dazu das Pulver nach Packungsbeilage anrühren und mit einer Drucksprühflasche ausbringen. Die Blätter vollständig benetzen und auch tief in den Buchsbaum hineinsprühen. Nach zwei Wochen die Behandlung wiederholen, da das Mittel nicht witterungs- und UV-beständig ist und daher bei später schlüpfenden Larven keine Wirkung hätte.

DAS HILFT:

- beim ersten Befall die Raupen absammeln
- regelmäßig mit dem Bacillus thuringiensis (z. B. Xentari® RaupenFrei von Neudorff) spritzen

Vom Buchsbaumzünsler befallener Buchs Anfang August.

Derselbe Buchs nach vier Wochen, Anfang September – einmal behandelt mit dem Bacillus thuringiensis.

Im April des folgenden Jahres hat sich der Buchsbaum erholt.

Knospenartig eingerollte Blätter – darin hat der Buchsbaum-Blattfloh seine Larven versteckt.

Ab und zu hat man es auch mit dem **Buchsbaum-Blattfloh** zu tun. Gesehen habe ich selbst bisher noch keinen, aus dem einfachen Grund, weil er so klein ist, aber einen Befall kann man gut erkennen: Die jungen Blätter rollen sich schalenförmig nach oben ein (Löffelblättrigkeit). Darin befinden sich dann die Larven des Flohs.
Über die Jahre habe ich dieses Phänomen immer mal wieder beobachtet, aber bisher nichts unternommen, weil ich den Eindruck hatte, dass die Flöhe keinen wirklich großen Schaden anrichten und die Natur sich hier selbst hilft.

Ähnlich ist es auch bei den **Wollläusen**, die sich hin und wieder in meinem Buchs einnisten, gegen die ich ihn aber nicht nie behandelt habe. Irgendwann waren sie meist einfach verschwunden.

☞ SO VORBEUGEN:

- regelmäßig zurückschneiden – Rückschnitt, vor allem im Spätsommer und Herbst, verhindert die Ausbreitung
- weniger anfällige Buchse pflanzen wie „Blauer Heinz" oder „Elegantissima"

PILZKRANKHEITEN

Außer von saugenden und beißenden Schädlingen können Topfpflanzen auch von Pilzerkrankungen geplagt werden.
Die in unseren Gärten und Topfgärten wohl bekannteste Pilzerkrankung bei Nutz- und Zierpflanzen ist der **Mehltau**. Dabei unterscheidet man zwischen Echtem Mehltau und Falschem Mehltau. Für die Bekämpfung ist es wichtig zu wissen, mit welchem von den beiden man es zu tun hat.

Echter Mehltau ist ein „Schönwetterpilz", der durch Wind oder durch Spritzwasser auf die Blätter der Pflanzen gelangt. Dort keimt er und dringt in die oberste Schicht der Blätter ein. Man findet ihn an Rosen, Rittersporn, Salbei, Gurken, Zucchini und verschiedenen Zierpflanzen. Dabei erscheint er meist als großflächiger weißer Belag auf den Blattoberseiten. Meistens sind aber auch die anderen grünen Pflanzenteile betroffen. Bei mir hat er in diesem Jahr die Zitronengurke befallen.

☞ DAS HILFT:

- befallene Blätter sofort entfernen
- einmal wöchentlich mit einem Milch-Wasser-Gemisch besprühen (frische Milch – keine H-Milch! – und Wasser im Verhältnis 1:8)
- Wenn der Pilz zu weit vorgedrungen ist und Milch und Wasser keine Wirkung zeigen, hilft nur noch ein Antipilzmittel (Fungizid). Bitte auf Bienenfreundlichkeit achten!

Echter Mehltau auf meiner Zitronengurke

Salbeiblätter mit Falschem Mehltau. Das Blatt links ist im Absterben begriffen.

Falschen Mehltau erkennt man an dem grauen oder grauvioletten „Pilzrasen" auf der Unterseite der Blätter. Auf der Oberseite sind meist nur helle, gelbliche Flecken zu sehen, und das Blatt stirbt langsam ab. Häufig sind Kopfsalat, Erbsen, Zwiebeln, Weinreben und Rettich vom falschen Mehltau befallen.
Im Gegensatz zum Echten Mehltau mag es der Falsche Mehltau feucht. Daher sollte man die Pflanzen immer von unten gießen und vermeiden, die Blätter zu benetzen. Auch ist es ratsam, in den Morgenstunden zu gießen, damit die Pflanzen tagsüber abtrocknen können.

DAS HILFT:

- befallene Blätter sofort entfernen
- Bei hartnäckigem Befall ein Fungizid aus dem Fachhandel verwenden

PFLANZEN STÄRKEN:
Regelmäßiges Spritzen mit einer Natron-Wasser-Mischung macht die Oberhaut der Blätter ledriger und erschwert Pilzen das Eindringen. Dazu zwei Teelöffel Natron oder Backpulver in einem Liter Wasser auflösen.

Bei Olivenbäumen kommt in unseren Breiten auch sehr häufig die **Augenfleckenkrankheit** vor. Man erkennt sie sehr gut an den an schwarze Augen erinnernden Flecken auf den Blättern. Diese Pilzerkrankung wird durch zu viel Feuchtigkeit begünstigt– insbesondere durch sehr viel Regen und feuchte Witterung im Frühjahr oder Sommer.
Hier empfiehlt es sich, schnell zu handeln, denn die Pilzsporen verbreiten sich über die Luft und können schnell auch andere Oliven bzw. anderen Pflanzen befallen.

Ganz ähnlich äußert sich bei anderen Laubgehölzen die **Blattfleckenkrankheit**. Hier begünstigt unter anderem feuchte Witterung einen Pilz, der die Blätter erst fleckig werden und dann absterben lässt. Diese Krankheit kann man wie die Augenfleckenkrankheit bekämpfen, bei meiner Hecke tue ich aber tatsächlich nichts, denn bisher habe ich die Erfahrung gemacht, dass die Natur das von selbst regelt.

Die Augenfleckenkrankheit bei einer meiner Oliven

DAS HILFT:

- unbedingt alle fleckigen Blätter absammeln, sowohl an der Pflanze selbst als auch auf dem Boden, und im Müll entsorgen
- bei leichtem Befall mit einer Milch-Wasser-Mischung spritzen
- bei starkem Befall zu einem Fungizid aus dem Fachhandel greifen

MILCH-WASSER-MISCHUNG GEGEN PILZBEFALL:

— 100 ml frische Vollmilch
— 800 ml Wasser
— Sprühflasche

Dafür einen Teil frische Vollmilch (keine H-Milch!) mit acht Teilen Wasser mischen und in die Sprühflasche geben. Ein Mal pro Woche auf die Blätter sprühen.

Blattfleckenkrankheit bei meinem Liguster

Auch für den Buchsbaum kann Pilzbefall in Form von **Buchsbaumpilz** oder auch **Triebsterben** ein Problem sein. Dieser befällt hauptsächlich alte und geschwächte Buchse und zeigt sich durch schnell größer werdende, dunkelbraune Flecken an den Blättern. Auf der Blattunterseite kann man kleine, weiße Sporen erkennen, die mit den schwarzen Streifen an den Trieben ein eindeutiges Erkennungsmerkmal für einen Befall sind. Oftmals sterben dann auch die ganzen Triebe ab – der Buchs wirkt wie vertrocknet.

Der Pilz entsteht wie fast jeder Pilz durch zu viel Feuchtigkeit und dringt dann in die Blätter ein. Daher sollte man Buchse nicht bei feuchtwarmem Wetter schneiden, sondern lieber, wenn es kühl und bedeckt ist.
Ist der Pilz allerdings einmal in den Buchs bzw. in die Blätter eingedrungen, gibt es oftmals keine Rettung mehr. Bisher konnte ich im Fachhandel noch kein wirklich effektives Mittel finden. Trotzdem lohnt es sich natürlich, gezielt nachzufragen.

SO VORBEUGEN:

- die Buchsbäume zweimal im Jahr kalken (Frühjahr und Herbst)
- regelmäßig Düngen, das stärkt die Pflanzen
- nicht über die Blätter gießen, sondern nur die Erde
- resistente Sorten wählen wie z. B. 'Faulkner', 'Herrenhausen' und 'Brno' (*Buxus microphylla*)

TIPP:

Die Behandlung mit Algenkalk führe ich zweimal pro Jahr durch. Dafür ziehe ich die Äste leicht auseinander und streue dann mit einem Löffel ausgiebig Kalk in den Buchs! Danach streue ich noch Kalk über die frisch geschnittenen Blätter und warte, bis der Regen seinen Teil zur Unterstützung beiträgt.

Gekalkter Buchsbaum

DANKE!

Ein Buchprojekt wie dieses kann man neben all den anderen Tätigkeiten und Aufgaben, die der Alltag bereithält, natürlich nicht ohne Unterstützung bewältigen. Ich bin sehr dankbar für den Rückhalt, die Inspiration und die ganz praktische Hilfe, die ich von vielen Seiten erhalten habe. Und das Verständnis, das meine Familie und Freunde in dieser Zeit für mich aufgebracht hat, weiß ich sehr zu schätzen.

Daher möchte ich dieses Buch unserem Sohn **Ferdinand** widmen, der die Aufmerksam seiner Mutter in den letzten Monaten häufig mit diesem Buchprojekt teilen musste. Auf diesem Weg möchte ich ihm mitgeben:
Glaube immer an dich, egal wie steinig ein Weg ist – positives Denken und viel Lachen – das ist der Schlüssel zum Glück!"
Du bist ein wunderbarer Junge, und hätte ich mir einen Jungen malen oder basteln müssen, dann hätte ich ihn genauso gemacht, wie du es bist! Du bist ehrlich, witzig und hast dein Herz auf dem rechten Fleck – behalte dir deine unbeschwerte Leichtigkeit bei – du bist wundervoll!
Ich liebe dich und bin unfassbar stolz auf dich!
Deine Mama

Mein Dank geht an meinen Mann **„Herrn U"**, der mein größter Fan und Kritiker ist:
Danke, mein Schatz, dass du mich immer in meinen manchmal auch absurden Ideen unterstützt und an mich glaubst. Du bekommst oft dein Fett von mir ab, und ich bin nicht einfach, das weiß ich sehr wohl, und du nimmst mich jeden Tag genau so und trägst mich auf Händen!
Danke für deine Kritik, dein Lob, deine Liebe und dass du mich immer unterstützt – ohne dich wäre das hier nicht möglich gewesen!
Ich liebe dich!

Ein großes Dankeschön geht an **Sandra Urgibl vom Gartencenter Urgibl** (www.urgibl.de): Wir sind in den drei Jahren ein wirklich tolles Team geworden, und es macht viel Spaß, unsere gemeinsamen Aktionen umzusetzen!
Danke natürlich auch für deine Unterstützung mit Pflanzen und Gefäßen!
Ich weiß noch, wie ich mich vor über dreieinhalb Jahren gefreut habe, als ich deine E-Mail in meinem Postfach fand: Du wolltest mit mir zusammenarbeiten, obwohl ich noch relativ „klein" war im Instagram-Haifischbecken – Danke auch für dein Vertrauen!
Bestes Team!

Außerdem möchte ich mich bei der Firma **van der Leeden** (www.manden.nl/drypot) bedanken, die die wunderbaren Drypots herstellt. Vor neun Jahren habe ich meinen ersten Drypot gekauft, in dem heute mein großer Zierapfel steht. Damals hätte ich niemals gedacht, dass es irgendwann einmal einen Drypot mit meinem Namen und Label geben würde!
Es ist wirklich eine besondere Ehre für mich, dass die Firma van der Leeden mir den Drypot® „Tina" gewidmet und nach mir benannt hat. Das kommt fast einem „Korb"-Ritterschlag gleich, und ich bin unheimlich stolz und dankbar dafür, dass ein so tolles Produkt meinen Namen trägt!

Und zu guter Letzt Danke an meine beiden Lektorinnen Tina Bungeroth und Britta Sopp von der Firma ZweiKonzept GbR für die tolle Unterstützung und die Ermutigung, überhaupt ein Buch über den Topfgarten zu schreiben.
www.zweikonzept.de

NÜTZLICHES ZUBEHÖR

GARTENWERKZEUGE MIT HOLZGRIFFEN UND BALKONMÖBEL
Kai Wiechmann
www.kai-wiechmann.de

GARTENSCHLAUCH UND SCHLAUCHTOPF
Livlig53
www.livlig53.com

PFLANZTISCH UND AMPHOREN
Loberon
www.loberon.de

KRÄNZE UND ANDERE DEKO-ARTIKEL AUS HOLZ
WMG Wohnmanufactur Grünberger
www.wohnmanufactur.com

KUNSTSTOFFGIESSKANNE
XALA Design
z. B. über www.amazon.de

PFLANZKÖRBE ALLER ART
z. B. Drypot®:
van der Leeden, www.manden.nl
z. B. über www.urgibl.de

PFLANZEN UND PFLANZGEFÄSSE
Gartencenter Urgibl
www.urgibl.de

DÜNGER UND ANTI-PILZMITTEL
- „Duaxo Universal Pilz-frei": Compo
- „Xentari RaupenFrei" und andere Pflanzenschutzmittel: Neudorff
- „HM-Nematoden" und andere Nützlinge gegen Dickmaulrüssler & Co.: Neudorff
- Mittel gegen Dickmaulrüssler „Careo": Substral

Alle z. B. über www.urgibl.de

REGISTER

Wassersparend und —— insektenfreundlich gärtnern

128 Seiten

Je heißer und trockener die Sommer werden, desto mehr sind ressourcenschonende Gärten gefragt – mit Pflanzen, die wenig Wasser brauchen. SPIEGEL-Bestsellerautorin Simone Kern stellt die besten Hitzekünstler vor: Stauden, Zwiebelblumen, Sträucher und Bäume für wunderschöne naturnahe Gärten. Sie stammen zum Teil von anderen Kontinenten, sind aber stets pflegeleicht und viele von ihnen auch insektenfreundlich. Inspirierende Gestaltungsvorschläge zeigen die schönsten Kombinationen, begleitet von Einkaufslisten sowie Tipps zu Planung, Anlage und Pflege der Beete. Die zeitgemäße Antwort auf den Klimawandel.

Ob Land oder Stadt – ein insektenfreundlicher Garten oder eine naturnahe Ecke für Wildbienen und andere Nützlinge lassen sich überall verwirklichen. Doch wie verwandelt sich ein Garten in ein blütenreiches Paradies für Bienen, Hummeln und Schmetterlinge? SPIEGEL-Bestsellerautorin Simone Kern erklärt Schritt für Schritt, wie man den Naturgarten plant, gestaltet, jahreszeitlich pflegt und erhält. Porträts der häufigsten heimischen Insekten und ein Extra über Bienen & Co. in der Stadt runden diesen reich bebilderten Ratgeber ab.

128 Seiten

So werden Gartenträume — Wirklichkeit

176 Seiten

Was macht einen Garten zum echten Traumgarten? Es sind die Menschen, die darin sitzen, spielen, lachen und leben wollen. Egal, ob Sie Ihren Wunschgarten neu erschaffen oder einen bestehenden Garten umgestalten wollen: In 6 Schritten zeigt Autorin Lilli Straub, wie Sie einen Garten planen, der zu Ihnen passt und Ihre Wünsche erfüllt. Dann gibt es keinen besseren Ort, um den Alltag hinter sich zu lassen und das Leben mit allen Sinnen zu genießen.

Mit 52 Pflanzrezepten von Frühling bis Winter verwandeln sich die unterschiedlichsten Gartenbereiche mit wenig Aufwand in kleine Blumenparadiese. Kleine Beete, karge Gartenecken und Blumentöpfe lassen sich mit je 5 Pflanzenarten schnell und unkompliziert gestalten. Für über 100 aktuelle und insektenfreundliche Pflanzen zeigt Gartenexpertin Lucy Bellamy, wie man sie im Lauf der Jahreszeiten am schönsten im Garten nutzen kann. Von Frühaufstehern im Frühling über leuchtende Wildblumen bis hin zu einem duftenden Nachtgarten enthält dieses Buch praktische und inspirierende Ideen.

224 Seiten

BILDNACHWEIS

176 Farbfotos wurden von **Tina Ullmann** für dieses Buch aufgenommen.

Weitere 3 Farbfotos von:
Frank Hecker Naturfotografie (2): 128 o. re., 130 o. li.; **mauritius images GmbH** (1): **Sebastien Bonaime / Alamy / Alamy Stock Photos**: 87

IMPRESSUM

Umschlaggestaltung: Claudia Adam Graphik-Design, Bad Kreuznach, unter Verwendung eines Fotos von Su-Ly Kimmich-Hollaender, **Su-Ly ROMANTIC PHOTOGRAPHY**, Wettstetten (Umschlagvorderseite), **Tina Ullmann** (Umschlagrückseite)

Alle Angaben in diesem Buch sind sorgfältig geprüft und geben den neuesten Wissensstand bei der Veröffentlichung wieder. Sorgfalt bei der Umsetzung ist indes geboten. Verlag und Autorin übernehmen keinerlei Haftung für Personen-, Sach- oder Vermögensschäden, die aus der Anwendung der vorgestellten Materialien und Methoden entstehen können. Dabei müssen rechtliche Bestimmungen und Vorschriften berücksichtigt und eingehalten werden.

Unser gesamtes Programm finden Sie unter **kosmos.de**.
Über Neuigkeiten informieren Sie regelmäßig unsere Newsletter, einfach anmelden unter **kosmos.de/newsletter**

– produziert nach den Richtlinien des Österreichischen Umweltzeichens, Gugler GmbH, UW-Nr. 609, www.gugler.at

Sicher. Kreislauffähig. Klimafreundlich.
C2C Certified® SILBER by gugler*
drucksinn.at

Gedruckt auf umweltfreundlichem Papier, klimaneutral hergestellt.

© 2024, Franckh-Kosmos Verlags-GmbH & Co. KG, Pfizerstraße 5–7, 70184 Stuttgart
Alle Rechte vorbehalten
Wir behalten uns auch die Nutzung von uns veröffentlichter Werke für Text und Data Mining im Sinne von §44b UrhG ausdrücklich vor
ISBN 978-3-440-17787-7
Projektleitung: Kristin Albert
Konzeption, Textarbeit und Redaktion: Tina Bungeroth und Britta Sopp, ZweiKonzept GbR
Gestaltungskonzept: Peter Schmidt Group GmbH, Hamburg
Gestaltung und Satz: Antje Warnecke, nordendesign.de
Produktion: Klaus Jost
Druck und Bindung: Gugler GmbH, A-Melk / Donau
Printed in Austria / Imprimé en Autriche